TRANSPARENT

Band 13

V&R

Prof. Dr. med. Peter Kutter ist Psychoanalytiker in eigener Praxis. Von 1974 bis zu seiner Emeritierung 1994 war er Professor für Psychoanalyse an der Universität Frankfurt am Main.

Peter Kutter

Liebe, Haß, Neid, Eifersucht

Eine Psychoanalyse der Leidenschaften

Vandenhoeck & Ruprecht
Göttingen · Zürich

Die Deutsche Bibliothek – CIP Einheitsaufnahme

Peter Kutter:
Liebe, Haß, Neid, Eifersucht: eine Psychoanalyse der Leidenschaften / Peter Kutter. – Göttingen ; Zürich : Vandenhoeck und Ruprecht, 1994
(Transparent ; Bd. 13)
ISBN 3-525-01713-8
NE: GT

Umschlaggestaltung: Rudolf Stöbener

Umschlagabbildung:
Hans Gottfried von Stockhausen,
Landschaft und Lebensbaum, 1985,
(Ausschnitt)

In einer älteren Version ist das Buch unter dem Titel „Leidenschaften" in je einer Ausgabe im Kreuz Verlag und bei Rowohlt erschienen und dort vergriffen.
Die TRANSPARENT-Ausgabe ist eine völlig überarbeitete, in großen Teilen neu formulierte und aktualisierte Fassung.

Printed in Germany
Schrift: Palatino
Druck und Bindung: Hubert & Co., Göttingen

Gedruckt auf chlor- und säurefreiem Papier

Inhalt

Einleitung

Wir sind betroffen, wenn uns klar wird, in was für einer gefühls- und leidenschaftslosen Welt wir leben, beherrscht von Technik und wirtschaftlichem Expansionsdrang, und doch steuern uns unbewußt heftige Gefühle, auch wenn sie verdrängt sind. Deshalb ist es sinnvoll, sich damit zu befassen.

Es geht um Gefühl, Emotion und Leidenschaft. Es geht um das komplizierte Verhältnis von Leidenschaft, Moral und Vernunft, um Liebe und Erotik sowie um Liebe als *leidenschaftlichen Dialog*, um Haß, Zorn, Wut und Groll, um Rache, Neid und Eifersucht. Unsere Überlegungen drehen sich auch um Habgier, Herrschsucht und Ehrsucht, um Gier, Neugier und Begeisterung und schließlich um die *Hoffnung auf eine neue Leidenschaftlichkeit.*

Zu jedem dieser Themen gebe ich einen allgemeinen Überblick über das, was die einzelnen Wissenschaften dazu beitragen können. Psychologie, Psychoanalyse und Philosophie werden hierbei herangezogen. Ich werde Bekanntes wiederholen, aber auch neue Akzente setzen. Sie sind in den genannten Stichworten, die fast alle Reizworte sind, angedeutet. Ich werde dabei nicht in Irrationalismus abgleiten, sondern mich auf dem Boden der Wissenschaft halten, wenn ich auch hier und da, gerade bei der Erörterung der menschlichen Leidenschaften, an die Grenzen der Wissenschaftlichkeit gerate; sagte doch Blaise Pascal in seinen Pensées: »Das Herz« – und statt »Herz« können wir auch »Leidenschaft« sagen – »hat ein Verstehen, das der Verstand nicht kennt.«

Bei Pascal geht es um die Beziehung zu Gott. Mir geht es als Psychoanalytiker um die Beziehung zu uns selbst und zu unseren Mitmenschen. Und diese Beziehungen sind immer affektive Beziehungen, Gefühlsbeziehungen, leidenschaftliche Beziehungen. Störungen unseres Gefühlsleben können beseitigt, verdrängte Affekte befreit und schlummernde Leidenschaften im Sinne einer *Re-Emotionalisierung* wiederbelebt werden. Wo keine sind, können sie über eine *primäre Emotionalisierung* »konstituiert«, das heißt: aus ihren Quellen, den Trieben, gegründet und erschaffen werden. Dann werden Leidenschaften zu Kräften, die uns eine heilsame Unruhe bescheren, die uns Antworten geben auf die Fragen unseres Menschseins und die Verbindungen knüpfen zwischen Menschen.

Es gilt, die Sprache unserer Gefühle, Affekte und Leidenschaften, die uns niemand lehrte, wiederzuentdekken oder neu zu erfinden.

Der Ausgangspunkt – Phänomenologie einer leidenschaftslosen Gesellschaft

Unsere heutige Welt ist eine komplizierte Welt: Die politischen Probleme sind schwierig geworden. Die wirtschaftliche Situation ist mit Arbeitslosigkeit und hohen Sozialleistungen belastet. Die Energievorräte gehen zur Neige, und die Bildungsreform läßt immer noch auf sich warten. Die Versorgung im Gesundheitswesen ist bei der Kostenexplosion für Krankenbehandlung und Rehabilitation trotz Gesundheits-Struktur-Gesetz schwer zu steuern. Insgesamt stehen wir durch die rasante Zunahme der Weltbevölkerung vor noch nie dagewesenen Aufgaben. Politiker und Wirtschaftsexperten bemühen sich unter Einsatz eines Managements mit Funktionären, Sachverständigen und Beratern um Lösungen. Krisenstäbe werden gebildet. Komplizierte Berechnungen mit Hilfe elektronischer Datenverarbeitung sind zur besseren Erfassung der wirtschaftlichen, politischen und sozialen Prozesse notwendig geworden.

Ziel ist es, unter Nutzung technischer Apparaturen diese Prozesse unter Kontrolle zu bekommen, sie rational zu beherrschen und zu steuern. Das Ergebnis ist die *Technokratie*, das heißt die Herrschaft der Technik, in der ausschließlich der technische Fortschritt Wirtschaft und Politik bestimmt.

Der *Mensch* hat in einer derart technokratischen Welt keinen Platz mehr. Er wird vielfach durch Apparate ersetzt. Wird er noch als Mensch gebraucht, dann muß er wie ein Roboter oder PC funktionieren. Daß er Bedürfnisse, Gefühle und Wünsche hat, ist in einer solchen Welt nicht vorgesehen. *Gefühle* gelten als Gefühlsduselei. *Leidenschaften* sind Anachronismen. Selbst in der Freizeit herrscht die industrielle, durch Reisebüros vorfabrizierte Fertigung, der sich die menschlichen Bedürfnisse unterwerfen müssen.

Die gesellschaftliche Situation widerspiegelt sich in der Gegenwartsliteratur: Sachbücher mit sozialpolitischen Fragestellungen sind monatelang Bestseller. Die Reiseliteratur ist unübersehbar, Kurzgeschichten und Essays sind die vorherrschenden literarischen Formen. Geht es in dieser Literatur um *Gefühle*, dann sind sie desillusionierender Art. Sie werden über Fortsetzungen in Illustrierten konsumiert und danach weggeworfen. Daß Menschen auch anders leben könnten, haben wir vergessen: geschüttelt von *Leidenschaften*, verstrickt in gegenseitigen Haß, der die Menschen nicht nur tage-, sondern monate-, ja jahrelang verfolgt; ergriffen von schmachtender Liebe, gequält von Eifersucht, gelb vor Neid, blind vor Wut, besinnungslos in der Hingabe, erbarmungslos in der Rache.

Daß Menschen so leben können, ist überliefert: in Dramen, Romanen, Epen. Die griechischen Mythen und Tragödien bezeugen es, desgleichen die Literatur der Romantik, die des 19. Jahrhunderts. Romane wie Goethes »Die Leiden des jungen Werthers« spiegeln ebenso die Gefühle jener Zeit wider, wie sie die Gefühle der lesenden Menschen identifikatorisch beeindruckten. Gefühle beherrschen die Menschen, Leidenschaften steuern sie. Gäbe es eine Gefühl und Leidenschaft entsprechende Herrschaftsform, man könnte von *Passiokratie* sprechen, das heißt: Herrschaft der Leidenschaft.

Die Technokratie hat nicht nur die Ingenieurwissenschaften, die Naturwissenschaften und die Medizin ergriffen, sie hält auch in den Geisteswissenschaften Einzug: Aus der *Psychologie*, der Lehre von der Seele, scheinen Leidenschaften und Gefühle verbannt. Statt dessen herrschen dort das naturwissenschaftlich exakte Experiment, die Statistik und mathematische Gesetzmäßigkeiten. Selbst die *Psychoanalyse* bleibt von dieser Entwicklung nicht verschont: Nicht mehr langjährige Analysen mit vier und fünf Stunden pro Woche beherrschen die Szene, sondern vielfältige Anwendungsformen von Psychoanalyse in Gruppen, Klinik, Politik, Sozialarbeit und Pädagogik beschäftigen die Psychoanalytiker. Ihre Theorie erscheint vielen zu abstrakt, zu fern vom Puls des Lebens und ohne Bezug zu Gefühl und Leidenschaft. Als Reaktion darauf entstanden sogenannte »neue Therapien« wie zum Beispiel die »Primärtherapie«, in der tief verdrängter Schmerz erstmals mobilisiert wird, und die »Gesprächspsychotherapie«, in der versucht wird, Gefühle zu finden und zu benennen. Sekten und esoterische Kreise haben Zulauf (New Age).

Wir sind kaum noch zu spontanen Gefühlsäußerungen fähig. Auf die Sekunde genau leisten wir klar nach Uhrzeit geregelt unsere tägliche Arbeit. Dabei steht nicht nur der Arbeiter am Fließband unter dem Diktat entfremdeter Tätigkeit, auch der Angestellte und der Chef sind Sachzwängen untergeordnet, die ihnen kaum noch eine persönliche Freiheit lassen, wie sie ihnen im Grundgesetz garantiert ist. Selbst der Freiraum Freizeit ist vorprogrammiert: Sehenswürdigkeiten werden wie am Fließband konsumiert, fotografiert und im Reiseführer abgehakt. Für neue, auflockernde Erlebnisse, leidenschaftliche Begegnungen bleibt keine Zeit.

Wundert es uns da, wenn die Persönlichkeit des Menschen zum *»Charakterpanzer« erstarrt ist,* innerlich durch dieselben Zwänge eingeengt, die den Menschen *äußerlich* beherrschen, wenn er, als *»autoritärer Charakter«* (Adorno et al.), zwar selbst autoritätsgebunden, aber autoritär andere unterdrückt und, anstatt freigebig, unordentlich und ungebunden leben zu können, sparsam, ordentlich und pünktlich handeln muß?! Solche Menschen haben keinen Zugang zu ihrem Gefühlsleben. Sie sind gefühllos, leidenschaftslos. Sie entscheiden rational, denken pragmatisch und funktionieren dabei äußerlich einwandfrei. Sie leisten das, was die Gesellschaft fordert: Mensch ohne Leidenschaft in einer Welt ohne Leidenschaft.

Was früher die Psychiatrie als gefühllosen, gemütslosen Psychopathen beschrieb, ist heute eine allgemeine, weit verbreitete »*Zivilisationsmarionette*«. Derartige Menschen sind kaum fähig zu lieben. Sie sind nicht imstande, dauerhafte und tiefere affektive Bindungen einzugehen. Sie brechen Beziehungen leichten Herzens ab, Gefühle der Treue oder der Dankbarkeit, der Schuld oder der Trauer sind ihnen fremd, sie wirken kalt und herzlos.

Unsere heutige Welt ist eine leidenschaftslose Welt, eine Welt *ohne Leidenschaft*. Die Symptome einer »kranken« Gesellschaft sind Drogenabhängigkeit und Alkoholismus quer durch alle Schichten. Dazu kommen steigende Kriminalität und Gewalt – untereinander und konzentriert gegen Minderheiten; nicht zu vergessen zahllose seelische Störungen wie Neurosen, Psychosen und psychosomatische Krankheiten, die jedes Jahr mehr Therapeuten beschäftigen.

Menschen mit psychosomatischen Krankheiten wie zum Beispiel Magengeschwür, Bluthochdruck und Asthma bronchiale leiden an »*Alexithymie*« (Nemiah u. Sifneos). Bei diesem Fachausdruck bedeutet »A« Mangel, »lexis« Wort und »thymos« Gefühl. Diese Menschen haben nicht nur keine Worte für ihre Gefühle, sie können sie überhaupt nicht wahrnehmen. Ihre körperliche Erlebnisfähigkeit und damit ihr ganzes Menschsein ist gestört. Sie sind kaum fähig zu fühlen, sind gefühlsarm, gefühlsleer. Das heißt immer auch: beziehungslos und beziehungsarm. Die Beziehung zu anderen Menschen, aber auch die zum eigenen Körper, zur eigenen Leiblichkeit ist gestört. Dabei müssen solche Menschen nicht unbedingt allein sein. Sie arbeiten und teilen ihr Leben mit anderen, sie schlafen mit anderen und fühlen doch nichts dabei.

Kein Wunder, daß das Phänomen des Menschen ohne Leidenschaft auch in der Medizin, speziell der psychosomatischen Medizin, zum Problem geworden ist. Man spricht vom »*Pinocchio-Syndrom*« in Erinnerung an den Hampelmann mit einer Seele aus Holz. Jean Foudraine stellt in seinem Buch die Frage »Wer ist aus Holz?« und läßt keinen Zweifel daran, daß es oft der Arzt selbst ist und nicht der Patient. Wir müssen ihm zum Teil recht geben, denn – wir sagten es schon – die durch die Technokratie bedingten Sachzwänge haben auch die Medizin ergriffen: Für ein vertrautes Gespräch in ruhiger Atmosphäre fehlt einfach die Zeit. Die »Alexithymie« trifft auch auf die Medizin selbst zu.

Es verwundert nicht, daß die Charakterstruktur von *uns allen* mehr oder weniger der entspricht, wie ich sie soeben als typisch für den psychosomatisch Kranken geschildert habe. Natürlich sind die Grade der Störung – quantitativ gesehen – verschieden. Wir müssen uns aber darüber im klaren sein, und dies sage ich hier unmißverständlich, daß *wir alle* unter den Bedingungen, unter denen wir leben müssen, mehr oder weniger als »gestört« bezeichnet werden müssen.

Neurotisch, psychosomatisch oder psychotisch »kranke« Menschen sind Extremvarianten einer allgemeinen Erscheinung. Wenn unsereiner nicht wie der neurotisch, psychosomatisch oder psychotisch »Kranke« an bestimmten Symptomen leidet, so liegt dies daran, daß wir unter der kollektiven Verdrängung einer Welt ohne Leidenschaft gar nicht mehr merken, was uns eigentlich fehlt. Sigmund Freud hat in seinem Essay »Das Unbehagen in der Kultur« 1927 und schon früher in einem weniger beachteten kleinen Aufsatz (1908) »Über die kulturelle Sexualmoral und die moderne Nervosität« auf die Triebfeindlichkeit der herrschenden Gesellschaft hingewiesen. Triebfeindlichkeit heißt vor allem Abwertung von Gefühl, besonders dann, wenn es sich um intensive und langanhaltende Gefühle handelt, um Leidenschaften. Gefühl und Leidenschaft sind uns weitgehend verlorengegangen, ohne daß uns dies als Verlust, Defizit oder Mangel bewußt wäre. Wir funktionieren zwar äußerlich einwandfrei, obwohl unser Leben dabei vielfach stagniert und viele an innerer Leere und Langeweile, wenn schon nicht leiden, so doch eine Art Unbehagen empfinden.

Ursache ist die allgemeine Entwertung all dessen, was Leidenschaftlichkeit heißt, oder, umgekehrt formuliert, Ursache ist die Idealisierung der Leidenschaftslosigkeit, der Rationalität, der Technik. Machen wir uns aber nichts vor: Wir wissen aus der Psychoanalyse des Individuums, daß Abgewehrtes nicht ausgeschaltet und verschwunden ist. Unbewußt wirkt es dennoch weiter. Wir registrieren es an den Symptomen einer »kranken« Gesellschaft wie Drogen, Konsum und Gewalt. Indikatoren für Spannungen in der Gesellschaft sind die jungen Menschen, Jugendliche, Kinder – im Prinzip in ähnlicher Weise wie Kinder einer »kranken« Familie – die uns durch ihr Verhalten zeigen, oft ohne sich dessen eigens bewußt zu sein, *daß* Störungen in unserer Gesellschaft vorhanden sind. Es liegt dann an uns, diese Signale und Zeichen zu registrieren, um zu verstehen, um welche Art von Störungen es sich handelt, und um diese auf ihre Ursache hin zu untersuchen. Fragen wir also nach den Ursachen und folgen wir dem entwicklungsgeschichtlichen Prinzip der Psychoanalyse, dann stellen wir fest, daß es vorzugsweise Erziehungseinflüsse sind, die uns zu dem haben werden lassen, was wir heute sind.

Es ist eine *Erziehung ohne Gefühl*, eine Erziehung ohne Einfühlung in das Kind, eine Erziehung, die zwar pädagogischen Regeln folgt und in der früh rational gelernt wird, in der die Kinder aber nicht lernen, mit ihren Gefühlen umzugehen. Es handelt sich um eine Sozialisation, in der, wie Alexander Mitscherlich (1963) es einmal nannte, nur »Sachbildung«, nicht »Sozialbildung« geschweige denn »Affektbildung« oder, wie ich lieber sagen würde, »Herzensbildung« wesentlich sind. Dieser Mensch ohne Herzensbildung ist der Mensch ohne Leidenschaft. Und der Mensch ohne Sozialbildung ist der narzißtische, selbstbezogene Mensch, der beziehungslos unter seinen Mitmenschen in einer Massengesellschaft mehr funktioniert als lebt.

Auch Psychoanalytiker müssen als eigene »Vorleistung« zum Gelingen des analytischen Prozesses eine »Umwertung« der eigenen Werte vornehmen, um die in ihren Patienten verborgenen Schätze heben zu können. Diese Schätze äußern sich zunächst nicht gleich als kreative Leistung, sondern als blinder Haß oder kalte Wut, als gerechter Zorn oder rohe Gewalt, als scheue Zärtlichkeit oder heiße Leidenschaft. Diese Gefühle gilt es wahrzunehmen und *auszuhalten*. Dann können sie in einer von Bejahung der Leidenschaftlichkeit gekennzeichneten Atmosphäre langsam einer Integrierung zugeführt werden.

Es ist an der Zeit, die Leidenschaften als positive Werte wieder zu entdecken. Der Mensch ist nicht nur *Homo sapiens* und *Homo faber*, also vernunftbegabtes und symbolisch schaffendes Wesen, das sich seiner selbst bewußt ist, seinen Willen hat und fähig ist zu handeln. Er ist auch ein *Homo sentiens*, ein fühlbegabtes Wesen, das der Erregung fähig ist, das fühlen kann und imstande ist, zu lieben und zu hassen, und dadurch erst lebt. Das berühmte Descartes'sche »Cogito, ergo sum« – »Ich denke, also bin ich« – ist durch ein »Sentio, ergo sum« – »Ich fühle, also bin ich« – zu ergänzen. Es geht um eine Wiederentdeckung, eine Wiederherstellung von Leidenschaftlichkeit als zu bejahendem Wert, der unser Leben erst zu einem erfüllten macht.

Klärung der Begriffe – Trieb, Gefühl, Affekt, Emotion, Leidenschaft

Wir lernen in der Schule lesen, rechnen und schreiben und in den höheren Schulen Mathematik, Biologie, Sprachen und Sozialkunde, nicht aber Lebenspraxis. Die Art unseres Lernens ist daher *kognitiv*, auf vernunftmäßiges Erkennen bezogen, nicht *affektiv*. In diesem Buch geht es aber nicht nur um kognitives Lernen über Leidenschaften, sondern um *emotionales Lernen*, also um Lernen mit Gefühl, was immer zugleich auch *soziales Lernen* ist, Lernen in Beziehung auf andere hin.

Es erfordert Einsicht in Grundmuster seelischen Verhaltens, um praktische Hilfen für die Bewältigung von Daseinsproblemen zu erhalten. Denken, Sprechen und natürlich auch Schreiben und Lesen sind immer von Gefühlen begleitet: Wenn Sie jetzt dieses Buch lesen, fühlen Sie sich von den hier ausgebreiteten Themen angesprochen oder nicht. Sie werden angeregt oder zur Ablehnung herausgefordert.

Die Psychoanalyse ist, wie Freud schon 1895 in seinen »Studien zur Hysterie« unmißverständlich sagte, ein Verfahren, das »die Erinnerung an den veranlassenden Vorgang zu voller Helligkeit zu erwecken« und »den begleitenden Affekt wachzurufen« zum Ziel hat, denn »affektloses Erinnern ist fast immer völlig wirkungslos«. Nicht nur unter dem naturwissenschaftlich orientierten Einfluß der sogenannten Ich-Psychologie, sondern auch in der Folge sozialwissenschaftlicher Beiträge der »kritischen Theorie« und ihrer Epigonen verlor die Psychoanalyse diese Ziele ihres Gründers aus den Augen. Psychoanalyse wurde zu einer rationalistischen Ich-Psychologie, zu einer reinen »Interaktionstheorie«, in der Erinnerung nur sprachlich aufgearbeitet wird.

In diesem Buch über die menschlichen Leidenschaften will ich die Versäumnisse der Psychoanalyse aufholen, die verlorengegangene Leidenschaftlichkeit suchen und finden. Dazu brauchen wir bei einem Gegenstand, der unweigerlich eigene Gefühle berührt, klare Definitionen.

1. *Triebe* sind in der klassischen Definition Freuds treibende Kräfte. Sie steigern sich zyklisch oder periodisch. Triebe sind ein starkes Verlangen und drängen zwingend nach Befriedigung. Um ihr Ziel zu erreichen, ist ihnen jedes Mittel recht.
Diese zugegeben etwas extrem formulierte Definition trifft sicher für Hunger und Durst zu; auch für Wachen und Schlafen. Die Psychoanalyse betont aber in ihrer schlüssigen Sexualtheorie das triebhafte Moment im sexuellen Verhalten und Erleben. Sexualität ist triebhaft, aber, wie wir in dem Kapitel über Liebe sehen werden, sie ist mehr als das. Hier nur soviel: Der Sexualtrieb besteht aus einem Motiv oder Wunsch *und* aus Affekt. Gemeinsamer Nenner von Wunsch und Affekt ist die körperliche Erregung, die sich aus organischen Quellen zu einer zunehmenden Spannung aufbaut und die im triebhaften Agieren und Reagieren Entspannung sucht.

2. *Gefühle* sind seelische Regungen, die uns innerlich rühren und bewegen. Wir empfinden Gefühle der Freude, wenn wir einen lieben Menschen treffen. Wir spüren Gefühle des Hasses gegenüber jemandem, der uns im Wege steht. Wir überlassen uns einem Gefühl, lassen ihm freien Lauf, geben uns ihm hin – passiv. Wir bringen einem anderen aber auch – aktiv – freundschaftliche

Gefühle entgegen. Wir empfinden warme, innige Gefühle gegenüber jemandem, etwa solche der Dankbarkeit. Wir hegen zärtliche Gefühle gegenüber einem Mitmenschen. Dieser andere kann unsere Gefühle erwidern oder nicht. Erwidert er sie, dann ist das für uns »das höchste der Gefühle«. Gefühl betrifft aber nicht nur die Beziehung zwischen Menschen, die zwischenmenschliche Beziehung. Man singt »mit Gefühl«, macht die Arbeit »nach Gefühl«, betrachtet etwas »mit gemischten Gefühlen« und sagt, »Das ist Gefühlssache«. Wir empfinden beim Betrachten eines Bildes ein bestimmtes Gefühl. Das künstlerische Objekt wirkt auf uns als äußerer Reiz, und das heißt immer, sofern wir nicht ganz gefühllos sind: Reiz auf unser Gefühlsleben. Es läßt uns nicht kalt.

Die Psychologie spricht von Gefühl als *Erlebnis*. Gefühle beziehen sich stets auf Objekte: auf Menschen, aber auch etwa auf Tiere oder die Natur. Sie hängen mit bestimmten sozialen Situationen zusammen. Insofern sind Gefühle *ein soziales Phänomen*. Sie beziehen sich also immer auf einen anderen, sei es im positiven Sinne der Zuwendung wie im Gefühl der Liebe, sei es im negativen der Abwendung wie beim Haß. In der Eigenliebe und im Selbsthaß beziehen sie sich auf die eigene Person.

Gefühle haben immer auch mit *Vorstellungen* zu tun, mit einer Fülle von Vorstellungen, mit Phantasien: Die Vorstellung der geliebten Person weckt in uns Gefühle der Liebe, die des Gegners solche der Feindseligkeit und des Abscheus. Das, was im Gefühl mit uns vorgeht, ist also etwas Abgeleitetes, Sekundäres. Das Primäre ist die lebendige Vorstellung, das Sekundäre das die Vorstellung umhüllende Gefühl. Was als Gefühl in uns aufsteigt, wird von alters her in den großen Gegensätzen Lust und Unlust gesehen. Freudvolle Gefühle stehen leidvollen gegenüber.

Gefühle sind eng mit dem verbunden, was wir selbst

sind. So wie der Mensch ein Selbstbewußtsein hat, so hat er auch ein Selbstgefühl, ein Gefühl von sich selbst. Unser Selbstbewußtsein wird, je nach unserer aktuellen Verfassung, von einem ganz bestimmten Gefühl erfüllt, davon gefärbt. Dieses Gefühl ist ausgesprochen *subjektiv*, aber auch abhängig vom *objektiv* auslösenden Reiz und von der Art des Auslösers. So löst zum Beispiel ein und dieselbe Frau bei verschiedenen Männern jeweils ganz spezifische Gefühle aus. Der eine verliebt sich unsterblich in sie, der andere findet sie abstoßend, während wieder ein anderer keinerlei Gefühle empfindet. Das entstehende Gefühl wird von den gerade vorherrschenden Vorstellungen bestimmt. Sind diese von Gefühl durchsetzt, sprechen wir von gefühlsbetonten Vorstellungen.

Nach Wilhelm Wundts »dreidimensionaler Gefühlstheorie« sind die gefühlsbetonten Vorstellungen nach Lust und Unlust, Erregung und Nichterregung sowie nach Spannung und Lösung definiert, als »unvergleichbares Prinzip«, als »psychische Kausalität sui generis«, das heißt, als seelische Ursache an sich.

Gefühle sind »*Zustände der Seele*«, die nach Wellek in »Polaritäten« auftreten. Sie sind seelische Elemente, die sich auf nichts anderes zurückführen lassen, entsprechend einer »Elementartheorie der Gefühle«, andererseits werden sie sekundär von äußeren und inneren Reizen mitbestimmt, die von Vorstellungen abhängen.

3. *Affekte* sind eine besondere Gruppe von Gefühlen, ausgezeichnet durch zeitlich kurzen Ablauf, große Kraft und einen begleitenden physiologischen Erregungszustand. Im Gegensatz zu Gefühlen sind Affekte stets reaktiv. Das Wort Affekt stammt von dem lateinischen Verb »af-ficire« ab und heißt wörtlich: etwas dazutun, es kommt etwas dazu. Affekte sind »vitale Antwortreaktionen«, Abfuhrvorgänge, bei denen Spannung abreagiert wird.

Es sind »abrupte Reaktionen mit hoher Intensität«. Worauf? Auf bestimmte starke Erlebnisse in der Begegnung mit anderen Menschen: Jemand wird bloßgestellt, er fühlt sich gekränkt und reagiert mit Wut. Oder jemand wird von der Geliebten betrogen und reagiert mit einem wilden Zornesausbruch.

Wir merken, daß wir damit schon in die Nähe der Leidenschaften gelangen, denn es handelt sich beim Affekt um intensiv erlebte Gefühle, um heftige Gefühlsbewegungen, verbunden mit einer gewissen Einschränkung der Kontrolle durch die Vernunft, der Kritik und Urteilsfähigkeit. Nicht von ungefähr sprechen wir von »unüberlegten Affekthandlungen«, wenn uns die Wut überwältigt, wenn wir nicht mehr wissen, was wir tun, oder wenn wir uns zu unbesonnenen Handlungen hinreißen lassen.

Affekte sind heftige Reaktionen auf äußere Reize; dabei im allgemeinen von kurzer Dauer, stoßartig. Sie können den Menschen in solcher Intensität packen, daß sein Bewußtsein zumindest vorübergehend eingeschränkt, eingeengt oder getrübt ist. Die intellektuellen Funktionen wie Denken, Erinnern, Wahrnehmen, Handeln sind beeinträchtigt. Affekte als heftige Gemütsbewegungen und Gefühlsausbrüche lassen keine ruhige Überlegung mehr aufkommen.

Dabei sind die Affekte, wie die Gefühle, stets auf ein Objekt gerichtet. Jede Beziehung ist eine affektive Beziehung, innerhalb der wir uns über die Sprache der Affekte, das heißt über Affektäußerungen wie Weinen oder Lachen, verständigen; eine Sprache, die wir heute kaum noch verstehen, aber wieder lernen oder neu lernen können. Ihre Signale werden über Spannungen der Muskulatur, Mimik und Gestik, über die Körperhaltung, über Vibration, Klangfarbe und Tonfall der Sprache sowie über zahllose averbale Signale vermittelt.

4. *Leidenschaften* sind ebenso wie Affekte heftig und intensiv, aber nicht kurzdauernd, sondern lang anhaltend. Sie können, zeitlich gesehen, über Wochen und Monate, ja über Jahre den Menschen bewegen, ja sein gesamtes Leben ausfüllen. Was die Definition der Affekte und Leidenschaften angeht, so sind die diesbezüglichen Ausführungen Immanuel Kants, des großen Philosophen des 18. Jahrhunderts, noch heute unübertroffen, so daß ich sie wörtlich zitieren möchte: »Der Affekt ist Überraschung, er ist übereilt, wächst geschwinde zu einem Grad, der die Überlegung unmöglich macht, er ist unbesonnen. Die Leidenschaft nimmt sich Zeit, um sich tief einzuwurzeln, ist überlegend, so heftig sie auch sein mag, um ihren Zweck zu erreichen. Der Affekt wirkt wie ein Wasser, das den Damm durchbricht; die Leidenschaft wie ein Strom, der sich in seinem Bette immer tiefer eingräbt.«

Es ist ein *qualitativer* Sprung, der Gefühl in Leidenschaft verwandelt, gekennzeichnet durch einen höheren Grad von Ergriffenheit, verbunden mit einem Zurücktreten anderer Gefühle. Ein leidenschaftliches Gefühl erfüllt den Menschen, *quantitativ* gesehen, voll und ganz. Es ist getragen von bestimmten Vorstellungen oder Wünschen und wird unterhalten von einem Drang nach Erfüllung des Wunsches. Leidenschaft ergreift den ganzen Menschen mit Haut und Haar und ist ebenfalls, wie Gefühl und Affekt, stets auf ein Objekt bezogen: Leidenschaftliche Liebe zieht uns zum andern hin, leidenschaftlicher Haß stößt uns von einem anderen Menschen ab. Leidenschaft ist immer sthenisch, das heißt kraftvoll, nie asthenisch, also schwach. Leidenschaft ist aufregend und erregend. Sie ist beständig und beharrlich, dabei stets konzentriert auf ihr Ziel, mag es sich nun um leidenschaftliches Spielen, Angeln, Sammeln, Segelfliegen oder welche Leidenschaft auch immer handeln. Damit ist freilich eine neuartige Definition von Leidenschaft gegeben, denn im allgemeinen Sprachgebrauch ist ja Leidenschaft etwas Passives, etwas, das uns passiv widerfährt. Im Wort »Leiden«schaft selbst drückt sich die Leideform aus. Auch im lateinischen »passio« bedeutet Leidenschaft »etwas erleiden«. Wir überlassen uns aber dennoch nicht nur passiv der Leidenschaft. Wir handeln vielmehr leidenschaftlich, wir *sind* leidenschaftlich.

Die Triebfedern der Leidenschaft sind letztlich körperlicher Natur. Von dieser körperlichen Quelle her gesehen sind wir leidenschaftlichen Kräften gegenüber ausgeliefert. Es ist aber die Frage, ob wir uns diesen Kräften passiv überlassen oder ob wir sie aktiv und autonom, also selbständig als Potential nützen; das heißt im einzelnen: in Denken, in Erkennen und in Handlungen umsetzen.

Leidenschaften sind von Trieben gespeist, die, ihrerseits tief in der Persönlichkeit verankert, aus körperlichen Quellen stammen und »unbeugsam, unaufschiebbar, imperativ« (S. Freud, 1933) zu einer körperlich meßbaren Spannung führen, die periodisch anwachsen und ihr Ziel in der Entspannung suchen. Im Gegensatz zu den Trieben führen Leidenschaften aber gerade nicht zu Entspannung. Ein leidenschaftlicher Mensch bleibt stets in Spannung. Sein Sinnen und Trachten hält unvermindert an und läßt nicht nach. Seine Triebfedern bleiben gespannt. Die Leidenschaft charakterisiert die gesamte Persönlichkeit.

5. *Emotionen*. E-motio heißt wörtlich »Herausbewegung«. Mit anderen Worten: Die in der Tiefe des Körpers wurzelnde Leidenschaft sucht unter dem Druck ihrer Triebfedern ihre Ziele dadurch zu erreichen, daß sie sich ausdrückt. Die Art und Weise dieses Ausdrucks hängt von der spezifischen Persönlichkeit des betreffenden Menschen ab. Dessen Struktur wiederum ist das *Ergebnis einer*

langen Lebensgeschichte, die ihrerseits aus zahlreichen zwischenmenschlichen Begegnungen besteht, von denen jede ihre Spuren als strukturbildende Elemente hinterläßt. Freilich gibt es gleichartige Reaktionsweisen auf innere und äußere Reize, sogenannte *Reizmuster*. Auf persönliche Bedrohung reagieren wir alle, mehr oder weniger gleich, mit Flucht; man denke nur an einen Ausbruch von Panik bei einem Kino- oder Hotelbrand. Konrad Lorenz und Irenäus Eibl-Eibesfeld zeigten, daß wir mit den Tieren gemeinsam angeborenen Lerndispositionen unterworfen sind wie Flucht oder Kampf, Bedrohen eines Gegners oder Umwerben eines anderen beim Paarungsverhalten. *Auf dieser Basis ererbter, angeborener Reaktionsmuster variieren aber die Ausdrucksweisen beim Menschen je nach seiner spezifischen Sozialisation von Fall zu Fall beträchtlich.*

Halten wir fest: Emotionen oder, wie ich lebensnäher und verständlicher lieber formuliere, *Leidenschaften* sind starke, langanhaltende seelische Kräfte, die den ganzen Menschen erfassen. Sie sind gespeist aus seinem Triebreservoir. Sie charakterisieren die jeweils ganz spezifisch persönliche Subjektivität des von ihnen ergriffenen Menschen. Sie drehen sich um Lust oder Unlust, sie sind mit Zeichen körperlicher Erregung verbunden und folgen nicht der Sequenz »Spannung und Entspannung«, sondern sind *durch eine anhaltende Spannung gekennzeichnet.*

Leidenschaften dienen der Verwirklichung unseres Daseins, sie erfüllen uns mit Leben, sie geben unserem Leben einen Sinn. Leidenschaften verändern uns und unsere Umgebung, sie führen, wie Jean Paul Sartre in seinem Entwurf zu einer Theorie der Emotion sagt, im Handeln zu einer »spontanen Umformung der Welt«.

Leidenschaftlich leben heißt: seine Arbeit mit Begeisterung, mit Enthusiasmus tun, auf den anderen zugehen, auf ihn eingehen, sich in ihn einfühlen, sich in Beziehungen einlassen, sich nicht scheuen, einmal aus gewohnten

Bahnen auszubrechen, sich engagieren, sich mit Leib und Seele einsetzen.

Leidenschaftlich sein heißt: In der *Liebe* aufgehen (to fall in love), sich dem *Haß* hingeben, voller *Neid* allen ihr Glück mißgönnen, aus *Eifersucht* den Gegner gnadenlos verfolgen, aber auch eine Idee leidenschaftlich verfechten, sei sie politischer, wissenschaftlicher oder künstlerischer Art; dazu stehen, wenn andere auch dagegen sind und mir aus meinem Verhalten Nachteile erwachsen.

Nach diesen positiven Definitionen von Leidenschaft können wir uns im nächsten Kapitel mit dem komplizierten Verhältnis von Leidenschaft, Moral und Vernunft näher befassen.

Leidenschaft, Moral und Vernunft

Schon die Vor-Sokratiker verkündeten: »Man hüte sich, die Leidenschaften zu wecken.« Plato war davon beeinflußt, wenn er in den Ideen hinter den Dingen das Höchste sah.

Aristoteles behandelt in seiner »Nikomachischen Ethik« auch Leidenschaften wie Lust, Begierde, Zorn, Freude, Haß und Eifersucht und nennt sie »Bewegungen der Seele«. Er brandmarkt zwar die »Übertreibung« als »fehlerhaft« und plädiert für die Tugend als die Mitte zwischen den Extremen, hält aber die Lust durchaus für eine Leidenschaft, die dem Leben förderlich ist. »Die Frage, ob wir das Leben wegen der Lust oder die Lust wegen des Lebens begehren, mag offen bleiben. Denn beide sind so eng miteinander verknüpft, daß keine Trennung möglich ist. Ohne Tätigkeit aber gibt es keine Lust, und jede Tätigkeit wird von der Lust zur Vollendung gebracht.«

Für die Stoiker sind Leidenschaften die Folge »fehlerhafter Verstandesurteile«, die als »unvernünftige Strebungen der Seele« »außerhalb der Vernunft« stehen. Hier wird eindeutig moralisiert. Leidenschaft wird grundsätzlich als unvernünftig und schädlich verworfen.

Bei Thomas von Aquin wiederum schließen sich wie bei Plato sittliche Tugend und Leidenschaften nicht aus. Bei ihm sind Leidenschaften »weder gut noch böse«. Sie ergreifen sogar das geistige Streben, den freien Willen, die Vernunft; sie führen aber zugleich ein Eigenleben, und zwar als »begehrfähige« Leidenschaften wie Liebe, Verlangen und Freude, als »kampffähige« Leidenschaften wie Wut und Zorn. Dem Willen und der Vernunft wird aber ein regelnder Einfluß zuerkannt. Die Bewertung der Leidenschaften hängt also davon ab, inwieweit sie von der Vernunft kontrolliert, gesteuert werden.

Diesem ausgewogenen Urteil des Thomas von Aquin stehen eine Fülle ausdrücklich negativer Bewertungen durch die Kirchenväter des Mittelalters gegenüber. Bei ihnen sind die Leidenschaften Todsünden wider Gott. *Die sieben Todsünden* heißen: Unmäßigkeit oder Völlerei, Zorn oder Haß, Stolz, Habsucht oder Geiz, Trägheit oder Faulheit, Müßiggang sowie Unkeuschheit oder Unzucht. Speziell der Wollust wird der Kampf angesagt. Eine allgemeine Verteufelung der Sexualität setzte im Mittelalter ein, deren Spuren bis heute nachwirken. Nicht nur Wollust als sexuelle Lust wurde verdammt, vielmehr Lust überhaupt, die Freude am sinnlichen Leben, die Erotik, ja alle Körperlichkeit. Alle Gefühle waren geläutert: Man betete die Geliebte an, verehrte ihre Schönheit und verachtete mit der Geringschätzung der Sexualität ihre Naturhaftigkeit. Liebe wurde in fataler Weise mit Unheil und Tod in Zusammenhang gebracht, eine unselige Verknüpfung, die den Menschen bis zum heutigen Tag viel Leid beschert.

In der *Neuzeit* spielt zwar die Problematik zwischen religiösem Heil und Sünde nicht mehr dieselbe Rolle wie im Mittelalter. Der Zwiespalt zwischen Moral und Leidenschaftlichkeit besteht aber unvermindert weiter.

Bei Schopenhauer wird in »Die Welt als Wille und Vorstellung« einerseits der »Wille zum Leben« als »Lebenstrieb« gelobt: »Alles drängt und treibt zum Dasein, zur möglichen Steigerung desselben.« Dazu gehören nicht nur der Wille zur Selbsterhaltung, sondern auch der Geschlechtstrieb, der »Kern des Lebenstriebes«. Andererseits hebt dieser Trieb Sorglosigkeit, Heiterkeit und Unschuld auf und bringt Unglück in die Welt, nämlich »Unrast, Melancholie, Unfälle, Sorge und Not«. Deshalb kommt Schopenhauer zu seiner bekannten »Verneinung des Willens zum Leben«, wohin wir ihm aber nicht folgen wollen.

Sehr deutlich sah Friedrich Nietzsche das »Stück roher Kultur« in uns. In »Menschliches, Allzumenschliches« schrieb er unmißverständlich: »*Ohne Lust kein Leben.*« An anderer Stelle heißt es: »Das Unlogische der Leidenschaften ist notwendig zum Leben.« Die Moralvorschriften der Kirche sind nach Nietzsche »in Wahrheit gegen die Individuen gerichtet und wollen deren Glück nicht«. »Die Gewalt der moralischen Vorurteile ist tief in die geistige ... Welt gedrungen ..., schädigend, hemmend, blendend, verdrehend.«

Mit den Folgen derartiger Schädigungen setzen sich heute Analytiker und Analysand im gemeinsamen Arbeitsbündnis auseinander. Der solidarische Kampf gilt dem »Über-Ich«, in dem die überkommenen Normen, nicht nur die der Eltern, sondern die der Gesellschaft, und deren Geschichte »verinnerlicht« sind und unbewußt unser Ich knebeln. Psychoanalyse ist vor allem ein »Hinterfragen« dieser von der Gesellschaft gesetzten Normen – der Ausdruck »Hinterfragen« stammt übrigens auch von Nietzsche – mit dem Ziel, ihren Einfluß zu brechen, sie zu reduzieren, zu relativieren. Das Ziel lautet in Abwandlung des berühmten freudschen Ausspruches »aus Es muß Ich werden« somit: »*Aus Über-Ich muß Ich werden.*« Durch das Über-Ich wird nämlich, um Formulierungen von Nietzsche zu verwenden, »mächtigen Trieben ... die Entladung nach außen versagt«. Es bleibt ihnen deswegen nichts anderes übrig, als sich »nach innen schadlos zu halten«. Seelische Störungen und Ressentiment sind die Folge. Damit nun aus Über-Ich Ich werden kann, müssen, um wieder mit Nietzsche zu sprechen, »die großen Verbrechen der Psychologie rückgängig gemacht werden«, nämlich folgende: 1. »daß alle

Unlust mit Schuld gefälscht«, 2. »daß alle starken Lustgefühle als sündlich ... gebrandmarkt worden sind«, 3. »daß alles Große Entselbstung, Sich-Opfern, Entpersönlichung sein soll«, 4. »daß die Liebe gefälscht worden ist als Hingebung und Altruismus, während sie ein Hinzunehmen ist oder ein Abgeben infolge eines Überreichtums an Persönlichkeit«, 5. »daß Leben als Strafe, daß Glück als Versuchung und daß die Leidenschaften als teuflisch hingestellt worden sind«.

Unsere Patienten lassen in jeder Analysestunde erkennen, wie recht Nietzsche hat. Ihre Angst ist es vor allem, vom Analytiker ihrer leidenschaftlichen Wünsche wegen verurteilt zu werden, wenn sich in ihnen nach jahrelanger Verdrängung wieder starke und anhaltende Gefühle regen: hemmungslose Wünsche nach Zärtlichkeit, nach Erotik, nach sexueller Lust, nach Orgasmus.

Daß Leidenschaften nicht nur das persönliche Glück fördern, sondern auch dem wirtschaftlichen, politischen und wissenschaftlichen Fortschritt dienen, findet sich erstmals in einem satirischen Pamphlet des Freidenkers Bernard de Mandeville. In seiner Fabel über die Bienen, die voller Symbolik ist, geht es um zwei Völker. Das eine Volk, das den Leidenschaften frönt, floriert, während das andere, das tugendhaft lebt, verkümmert und verarmt.

Was die Denker der Philosophie leisten, wenn sie den dialektischen Gegensatz zwischen Moral und Leidenschaft erörtern, das versucht uns die Psychoanalyse als Wissenschaft des Unbewußten, als Tiefenpsychologie auf neuartige Weise mit ihrem Modell von Ich, Es und Über-Ich zu zeigen. Gegenüber dem mächtigen Über-Ich, gegenüber den unbändigen Trieben des Es und gegenüber der unerbittlichen Realität fühlt sich das Ich ausgeliefert und ohnmächtig. Es spielt dann, wie Freud in seiner Arbeit »Zur Geschichte der psychoanalytischen Bewegung« (1914) anschaulich vergleicht, »die lächerliche Rolle des dummen August im Zirkus, der den Zuschauern durch seine Gesten beibringen will, daß sich alle Veränderungen in der Manege nur infolge seines Kommandos vollziehen«. In Wirklichkeit wird der Clown von anderen Kräften beherrscht, nämlich von den Tieren in der Manege und der Masse der Zuschauer. Die Tiere stehen in diesem Gleichnis für das Es, die Zuschauer für Über-Ich und Realität.

Liebe und Erotik – Konstruktive Chancen für ein erfülltes Leben

Liebe

Liebe, in ihrer aktiven Gestalt des Liebens und in ihrer Passivform des Geliebtwerdens sowie in der Kurzform der Verliebtheit und in der Dauerform der leidenschaftlichen Liebe, nimmt einen bevorzugten Platz im Alphabet der Leidenschaften ein.

Erfahrungen in der allernächsten Umwelt und in der psychotherapeutischen Praxis zeigen, daß die Menschen durch die Sex- und Pornowelle nicht glücklicher geworden sind. Junge Menschen von heute leben in der Tat freier. So wechseln sie häufiger und leichter die Partner. Sie sind auch nicht mehr so sehr von Schuldgefühlen gequält wie ihre Eltern oder noch die Angehörigen der sogenannten »skeptischen Generation«. Hier sind wirklich Fortschritte erzielt worden im Sinne einer sexuellen Emanzipation in Richtung auf eine Befreiung von alten sexuellen Tabus, zumindest äußerlich.

Haben wir aber Gelegenheit, einen solchen fortschrittlich denkenden und handelnden Menschen, der häufigen Partnerwechsel einschließlich Gruppensex nicht scheut, einmal näher kennenzulernen, dann werden wir bald eines anderen belehrt: Er/Sie ist nämlich oft gar nicht liebesfähig. Er/Sie ist war immer auf der Suche nach Liebe, findet sie aber nicht. So hat er/sie sie gar nicht selbst erlebt, er/sie kennt Liebe gar nicht, fühlt sie nicht. Dieser Mensch bleibt also in seinem Fühlen leer, er fühlt sich nicht ausgefüllt. Bei lokal funktionsfähiger »genitaler Potenz« leidet er an einer »emotionalen Impotenz« mit völlig blockierten Gefühlen der Liebe und Leidenschaft. Jede neue Beziehung, die er voller Hoffnung beginnt, läßt ihn enttäuscht zurück. Auch Hilfsmittel wie Drogen lassen die Leere und Enttäuschung nur vorübergehend vergessen und führen nach diesem Selbstbetrug mit um so größerer Unerbittlichkeit in seelische Leere und Verzweiflung.

Im Hohelied Salomos heißt es: »Liebe ist lieblicher denn Wein ... ich bin krank vor Liebe. Seine Linke liegt unter meinem Haupte, und seine Rechte herzt mich ... Des Nachts auf meinem Lager suche ich ihn, den meine Seele liebt ... Meine Seele war außer sich, als er redete ... Denn Liebe ist stark wie der Tod, und ihr Eifer ist fest wie die Hölle ... Ihre Glut ist feurig und eine Flamme ..., daß auch viele Wasser nicht mögen die Liebe auslöschen noch die Ströme sie ertränken ... Wenn einer alles Gut in seinem Hause um die Liebe geben wollte, so gälte es alles nichts.« Hier kommt Leidenschaft unmittelbar und in einfachen, das Wesentliche aussagenden Worten zum Ausdruck. Es fehlt jede Geringschätzung, keine puritanische Moral engt ein. Alles ist frisch und unverdorben wie am ersten Tag, in seiner Ursprünglichkeit heute noch Beispiel für ungebrochene, unkomplizierte, unentstellte Liebe.

Wie verhält sich dazu die Liebe *Casanovas*, des größten Liebenden aller Zeiten? Er schreibt in seinen Memoiren: »Niemals hat es für mich anderes gegeben als Liebe.« Er wird nicht müde, der Nachwelt seine Abenteuer ausführlich zu schildern. Liebt er aber wirklich die Frauen um ihrer selbst willen? Empfindet er wirklich im ekstatischen Glück der Verführung die höchste Seligkeit? Die moderne Tiefenpsychologie sieht in Casanova viel eher einen zwar sexbesessenen, aber im Grunde liebesunfähigen Mann, einen Typ, der, wie viele junge Menschen heute, die Partner wechseln muß aus einer seelischen Unfähigkeit, länger andauernde Liebe fühlen zu können. Es steckt doch stets ein Stück ablehnende Tendenz in der Zurückweisung, wenn die eine Frau zugunsten einer anderen verlassen wird. Entdecken wir hier nicht einen heimlichen Haß auf die Frauen, Geschlechterhaß? Nicht anders handeln sexbesessene Frauen, die häufig die Männer wechseln. Auch bei ihnen liegt eher Liebesunfähigkeit zugrunde als echte Liebe.

Woran liegt es, daß gerade leidenschaftliche Liebe so selten glücklich endet, nicht nur in den großen Romanen und Dramen von Liebesleid und Liebeslust – so enden ja auch Romeo und Julia in tödlichem Irrtum, sterben Tristan und Isolde den Liebestod –, sondern auch im Alltag?

Was sagt die moderne Psychologie über die Liebe?

Sie sieht die Liebe als Gleichung zwischen den drei Unbekannten Intimität, Sexualität und Verbindlichkeit.

Robert J. Sternberg (1988) zeigt sehr schön in einem Dreieck von Intimität, Leidenschaft und Verbindlichkeit, wie wir die Art unserer Liebe feststellen können, mit folgenden Möglichkeiten:

1. ein Extrem von nur Intimität, wenn ich etwa jemanden sehr mag, die Sexualität aber außen vor bleibt und auch Verbindlichkeit in der Beziehung fehlt.
2. das Extrem leidenschaftlicher Liebe, in der ich einem Menschen bedingungslos verfallen bin, mit Sexualität, aber ohne Verbindlichkeiten.
3. das Extrem ausschließlicher Verbindlichkeit, aber ohne Sexualität und ohne Intimität.

Während uns diese Extreme eher akademisch vorkommen mögen als lebensnah, sind die folgenden Kombinationen von zwei Polen unseres Liebesdreiecks schon vertrauter:

→ Die Verbindung von Sexualität und Intimität in der sogenannten *romantischen Liebe*, die aber *leidenschaftliche Liebe* meint.

→ Die Verbindung von Intimität und Verbindlichkeit in der *kameradschaftlichen* oder *partnerschaftlichen Liebe*, die ohne Sexualität auskommt.

→ In der *vollendeten Liebe* wären alle drei Komponenten der Liebe als Frucht der Reife in einem »Balanced Triangle« (Sternberg 1988) zueinander ausgewogen, wobei die Liebe, je nach Phase des Liebes-Prozesses, mal eher zur Intimität, zu Sexualität oder zur Verbindlichkeit neigen mag.

Was sagt die Psychoanalyse über die Liebe?

1. *Ihre unbewußt treibende Kraft ist der Sexualtrieb*, dessen Energie, die »Libido«, aus organischer Quelle stammend, ihr Ziel sucht, nämlich Befriedigung um jeden Preis. Das Ziel erreicht sie über Objekte; entweder bei sich selbst in der Selbstbefriedigung oder über andere, heterosexuelle oder homosexuelle Kontakte. Ihre Energie ist freilich auch von äußeren Reizen abhängig, von einer schönen Gestalt, bestimmten Körperteilen, von Bildern oder von Phantasien.

2. *Es geht dabei unbewußt immer auch mehr oder weniger um ein Nachholen vorenthaltener Liebe in der Kindheit;* ganz im Sinne der psychoanalytischen Traumatheorie. Ein Trau-

ma ist eine seelische Verletzung, die wir nicht bewältigt haben, weil das Trauma entweder zu massiv oder unsere Seele zu schwach war, um damit fertig zu werden. Das können direkte Schädigungen sein, wie im sexuellen Mißbrauch oder in der Kindesmißhandlung. Das können indirekte Schädigungen sein: durch mangelnde Zuwendung, durch Abwendung, durch Nichtachten, Nachlässigkeit, Gleichgültigkeit, Desinteresse. Im ersten Fall haben wir Böses erfahren, gefolgt von Überstimulation, verbunden mit der Schwierigkeit, all das wieder los zu werden, was auf einen an Schädigungen einwirkte; die damit zusammenhängende Wut, der Haß, die Feindseligkeit. Im zweiten Fall haben wir zu wenig Liebe erfahren, zu wenig an guter Zuwendung, gefolgt von Unterstimulation, verbunden mit Mangelzuständen, einem anhaltenden Gefühl des Zu-kurz-gekommen-Seins, des Mangels, der inneren Leere, der Sehnsucht.

Die Art der Mutter-Kind-Beziehung bestimmt wesentlich die Art unseres Liebens als Erwachsene. Haben wir als Kind bekommen, dann können wir als Erwachsene auch geben. Wurden wir frustriert, dann frustrieren wir unsere Partner. Habe ich als Kind etwas geben können, in zwar kindlicher aber doch aktiver Liebe, dann kann ich auch als Erwachsener aktiv lieben, auch wenn die andere Person darauf gar nicht reagiert. Habe ich als Kind gute Erfahrungen in einer einigermaßen befriedigenden Mutter-Kind-Beziehung erlebt, dann bin ich auch in der Lage, als Erwachsener in der Liebe zu geben und zu empfangen. Habe ich dagegen keine gelungene Mutter-Kind-Beziehung erlebt, sondern bin ich entweder durch ein Zuviel an Schädigung oder durch ein Zuwenig an Liebe traumatisiert, muttergeschädigt, dann bringe ich unweigerlich die deletären Folgen dieser direkten Schädigungen oder des Mangels, ob ich will oder nicht, in die aktuelle Liebesbeziehung ein. Enttäuschungen, Verletzungen und viel Leid prägen dann unsere Liebesbeziehungen. In der Neurose sind es die Phantasien, die uns dann entschädigen sollen für die vorenthaltene Liebe; wir versuchen, das Trauma der Kindheit in Träumen, in Fehlleistungen, in Symptomen und im Wiederholen mit anderen zu kompensieren. In der Perversion ist es zum Beispiel der Fetisch, der den Mangel an Liebe ausgleicht, oder es wird in der sado-masochistischen Handlung in einer »erotischen Form von Haß« (J. Stoller), mit »Liebe im Dienste der Aggression« (Otto F. Kernberg) das ausagiert, was uns als Kind widerfahren war und was nicht bewältigt werden konnte. Im Alkoholismus und Drogenmißbrauch sind es die Suchtstoffe, die die schmerzliche Leere ausfüllen sollen; und in der Delinquenz wird das Vorenthaltene und Entbehrte einfach gestohlen, geraubt, notfalls mit Gewalt.

3. *Die Liebe dient unbewußt dem Wiederholen unbewältigter Konflikte aus der Vergangenheit*. Das können die schon erwähnten präödipalen Konflikte aus der Mutter-Kind-Beziehung sein, aber auch typisch ödipale Konflikte des Kindes zwischen Mutter und Vater. Es fühlt sich als »geschädigter Dritter« (Freud 1910) ausgeschlossen von dem sich liebenden Paar, narzißtisch gekränkt, voll Neid auf die Besitzenden, eifersüchtig auf die Person, die einem die Geliebte oder den Geliebten wegnimmt. Wir diese leidvolle Erfahrung der Vergangenheit nicht angemessen bewältigt, dann wiederholt sie sich unbewußt in gegenwärtigen Beziehungen. Damit haben wir ein Leben lang zu tun, in immer neuen Erfahrungen, und zwar in immer wieder wechselnden Rollen: War ich als Kind der Betrogene, bin ich als Erwachsener der, der betrügt. War ich als Kind der Schwache, dann bin ich als Erwachsener der Starke. So werden aus Opfern Täter und Rache ist süß. Dabei können wir die Erfahrung machen, daß sich unser Interesse ändert: Fühle ich mich beispielsweise als Mann

von der Freundin verlassen, die sich einem anderen Mann zugewendet hat, dann kann ich zuerst auf den Rivalen böse und eifersüchtig sein, weil er mir die Geliebte wegnimmt, mich aber später mehr für das interessieren, was er mit der Geliebten macht, als für das, was die Geliebte erlebt. Aus einer eher heterosexuellen Komponente würde dann eine eher homosexuelle Komponente der Liebe deutlich werden. Für die Frau gilt mutatis mutandis: Ich bin auf die Frau böse, die mir den Mann wegnimmt, und später interessiere ich mich mehr für die Frau als für den verlorenen Mann. Mit unbewältigten Konflikten setzen wir uns zeitlebens auseinander, in Gesprächen mit Freunden, im Nachdenken allein. Jedenfalls sind es die unbewältigten Konflikte der Kindheit, die uns dazu treiben, Liebe immer wieder neu zu versuchen.

4. *Liebe ist immer auch Befriedigung unvermeidlichen Begehrens nach Selbstbestätigung.* Es geht uns dann in der Liebe weniger um den anderen sondern mehr um uns selbst. Im anderen lieben wir uns selbst, so wie Narziß sein Spiegelbild liebte. Damit wäre Liebe letztlich Selbstliebe, und die Liebe, in der wir glauben, den anderen zu lieben, eine Illusion. Wir wollen in der Liebe selbst bestätigt werden, mit dem Ziel, an Selbstwertgefühl zu gewinnen. Der andere wäre damit nur Mittel zum Zweck. Heinz Kohut hat in seinem Buch »The Analysis of the Self« (1971), deutsch »Narzißmus« (1973), gezeigt, wie wir in der »Spiegel-Übertragung« im anderen uns selbst idealisieren, mit ihm verschmelzen wollen oder in ihm unser »alter ego« suchen und finden wollen. Wir wollen als Kind den »Glanz im Auge der Mutter« sehen, weil er uns zeigt, daß wir ihr nicht gleichgültig sind – oder als Erwachsener den Zauber und Charme im Werben des Geliebten, der mich sehen läßt, daß er mich liebt, und keine andere.

Verliebtheit

Verliebtheit ist etwas anderes als Liebe. In der Regel aber beginnt Liebe damit, daß wir uns verlieben.

In der Verliebtheit erscheint, wieder von der Frau aus gesehen, der Geliebte als unerreichbar schön. Wir sind fasziniert von seiner Gestalt, angezogen von seinem Charme, Sehnsucht erfüllt uns. Wir wollen ständig beim Geliebten sein, alles mit ihm teilen. Wir sind in der Phantasie über ihn angeregt und inspiriert, so daß wir uns fast selbst nicht mehr kennen. Die Sonette Shakespeares, die Liebesgeschichte Petrarcas und Dantes, die Minnelieder und zahllose Gedichte übertreffen einander, den Gefühlen unsterblicher Verliebtheit Ausdruck zu verleihen. Und doch endet auch diese »große« Liebe früher oder später mit einer Enttäuschung, die zwangsläufig deswegen eintreten muß, weil wir die Geliebte – jetzt zur Abwechslung wieder aus der Sicht des Mannes betrachtet – allzusehr idealisiert haben. Die Freude über das »Liebeserwachen« ließ sie uns in den schönsten Farben ausmalen, so daß der Abstand zur Wirklichkeit größer wurde, ohne daß wir es zunächst merkten. Erst wenn wir langsam realisieren, daß das wirkliche Verhalten der Geliebten überhaupt nicht dem Idealbild entspricht, gelangen wir aus dem siebten Himmel langsam wieder auf den Boden der Wirklichkeit, verbunden mit Gefühlen schmerzlicher Leere, der Kränkung, der Enttäuschung, der Trauer. Von Liebesträumen, Illusionen und Pseudo-Liebe handelt ein ganzes Buch von Sten J. Katz und Aimee E. Lin: »Im siebten Himmel ist die Luft so dünn«.

Die Idealisierung der geliebten Person stammt aus der frühen Idealisierung des kleinen Kindes, für das Mutter oder Vater weit über ihm stehende, bewunderte, ideale Menschen waren. Die schmerzliche *Ent-Idealisierung* ist besonders groß, wenn der geliebte Mensch unsere Liebe nicht erwidert. Jeder kennt das Gefühl verschmähter Liebe und den damit verbundenen Schmerz über die Trennung, die Trauer, den Verlust. *Schaffen wir es, die Begegnung dennoch in guter Erinnerung zu behalten, wirkt sie auf uns bereichernd;* hat sie doch vielleicht längst totgeglaubte Gefühle wieder in uns wachgerufen, wiederbelebt, wiedererweckt, so daß der Verlust angesichts dieses Gewinns nicht so schwer wiegt.

Aber auch wenn die Beziehung anhält, ist eine *Des-Illusionierung* nicht zu vermeiden. Jetzt geht Verliebtheit in Liebe über, die der Leidenschaftlichkeit keineswegs entbehrt. Dazu gehören zwei fundamentale *Voraussetzungen*: 1. Wir dürfen keine allzu große Angst haben, Verantwortung und Verpflichtung zu übernehmen, 2. der Verlust unserer Freiheit und Ungebundenheit darf nicht schwerer wiegen als der Gewinn an Partnerschaft.

Was muß alles bewältigt sein, damit Liebe fruchtbar wird und nicht furchtbar?

1. Antwort: Die Traumatisierungen der ersten Lebensphase der Kindheit müssen einigermaßen gemeistert sein, damit sie nicht immer wieder unbewußt nachgeholt werden müssen, mit allen nachteiligen Folgen für die aktuelle Liebesbeziehung. Das sind erstens ungelöst gebliebene Konflikte der prä-ödipalen Phase, aus der Mutter-Kind-Beziehung. Die Separation oder Abgrenzung von der Mutter wurde nicht bewältigt, so daß es zu keiner Individuation kam im Sinne von Autonomie oder Selbständigkeit. Stattdessen bleiben Abhängigkeiten von anderen Menschen, ohne die wir unglücklich sind, die immer um ums sein müssen, wie es in vielen Schlagern ständig zum

Ausdruck kommt. Dann sind es zweitens die typischen ödipalen Interaktionsmuster, an die wir fixiert bleiben und die uns in unbewußtem Wiederholungszwang (Freud 1920) immer wieder in Dreiecksbeziehungen treiben, obwohl wir darunter leiden und uns bewußt davon befreien wollen.

2. Antwort: Die Sexualität und die gesamte körperliche Dimension sollte in die Liebe integriert sein. Es gibt freilich Sexualität ohne Liebe, so wie es Liebe ohne Sexualität gibt. Mir geht es hier aber um eine Liebe, die sich primär auf der Basis von wachsendem Vertrauen zueinander entfaltet und sekundär die Sexualität als »Lustprämie« (Freud 1925) einschließt, an der beide gleichermaßen ihren Spaß haben und ihre Erfüllung finden. Dazu müssen die in der Mutter-Kind-Beziehung gemachten schlechten Erfahrungen durch konsequente Analyse nicht nur als verinnerlichte Beziehungsmuster unbewußt wiederholt, sondern bewußt gemacht und durchgearbeitet sein, sollen sie nicht immer wieder die aktuelle Beziehung stören oder gar zerstören, wenn Liebe fruchtbar und nicht furchtbar sein soll. Die nicht erlebten Gefühle können aber auch in vorher nie gemachten guten Erfahrungen nachträglich gelernt werden, nämlich im sogenannten »Moratorium« (Erikson 1970) der Jugend, wenn das spielerisch probiert, experimentiert, geübt und gelernt wird, was in der Kindheit während der familialen Sozialisation versäumt worden war – ohne die schwer wiegende Verantwortung des Erwachsenenlebens.

Die Voraussetzungen leidenschaftlicher Liebe sind:

1. eine einigermaßen gelungene Mutter-Kind-Beziehung mit überwiegend guten Erfahrungen in unserer »ersten« Liebe zur Mutter.
2. hinlänglich gelöste ödipale Konflikte mit ebenso über-

wiegend guten Erfahrungen in unserer »zweiten« Liebe zum Vater aus der Dreiecksbeziehung zwischen Vater, Mutter und Kind.

3. die geglückte Integration von Sexualität und Körperlichkeit in unser seelisches Erleben.
4. ein hinlänglich relativiertes Über-Ich, das uns nicht mehr mit seinen hohen Idealen und strengen Normen unaufhörlich beeinträchtigt, bestraft und verfolgt, sondern das wir dadurch in Frage stellen, daß wir es relativieren, daß wir Vorurteile durch eigene Urteile ersetzen, Projektionen in andere an der Realität überprüfen und zurücknehmen.
5. eine einigermaßen klare männliche bzw. weibliche Geschlechtsidentität.

Fertigkeiten der Liebe sind positiv zu definierende Fähigkeiten, in der Liebe geschickt zu handeln, ein Können aus Erfahrung, gleichsam die »Kunst des Liebens«. Dazu gehören nicht nur eine basale Kontaktfähigkeit, wie zum Beispiel in Form eines gekonnten Werbens, um eine Beziehung aufzubauen, sondern auch eine Fähigkeit, die sich gerade zart entwickelnde Beziehung dadurch aufrecht zu erhalten, daß ich mich ebenso anhaltend für die andere Person interessiere wie ich deren Interesse an mir zu wecken verstehe (Beziehungsfähigkeit); nicht zu vergessen eine »gekonnte Aggressivität« (Alexander Mitscherlich 1956, 1958), die jetzt, in krassem Gegensatz zur Perversion, Aggressivität im Sinne von aktiv eroberndem Handeln »im Dienste der Liebe« einsetzt.

Dazu gehören ferner Fertigkeiten, die Sexualität, mit der dazu gehörenden affektiven Komponente, im Rahmen einer gesunden Beziehung zum eigenen und anderen Körper, so einzubringen, daß sie nicht verletzt, sondern Freude bereitet, Spaß macht und beide beteiligten Personen bereichert. Liebe ist insofern ein »leidenschaftlicher Dialog« in Form von möglichst offenen Gesprächen zwischen den Liebenden. Dazu gehört selbstverständlich auch das immer neue Wagnis, sich auf eine Beziehung einzulassen, auch auf die Gefahr hin, zurückgewiesen oder anders enttäuscht zu werden. Wer nicht wagt, der nicht gewinnt.

Störungen der Liebe

Welche *Gefühle* aber sind es, die unsere Liebe stören können? Das sind zunächst schmerzliche Gefühle der eigenen Unzulänglichkeit, der Unvollkommenheit und Minderwertigkeit, der Ohnmacht und der Hilflosigkeit. Es sind Gefühle, die sehr beschämend sind und die wir wegen der damit verbundenen *Kränkung unserer Selbstachtung* leicht verdrängen. *Diese Gefühle rühren aus der Zeit unserer allerersten Liebe, der Liebe nämlich, die der ersten Bezugsperson gilt. Dies ist bei Frau und Mann die Mutter.* Von ihr wünschen wir zuallererst (passiv) *geliebt zu werden.* Die erste Liebe beginnt glücklich und endet unglücklich. *Auch wenn die Mutter das Kind wirklich liebt, kann sie es doch nie so lieben, wie das Kind es in seiner unersättlichen Gier erwartet.*

Hier finden wir eine erste Erklärung für den engen Zusammenhang von Liebe und Tod, für unser ungelöstes Dilemma zwischen leidenschaftlich erlebtem Glück und tragischem Ausgang. *Das böse Ende wäre gewissermaßen durch eine tiefprägende erste Erfahrung vorprogrammiert.*

Wird dieses Programm, wenn der prosaische Vergleich mit der Computertechnik gestattet ist, durch eine erste Liebe im Jugend- oder Erwachsenenalter, die dann im Grunde eine zweite Liebe wäre, reaktiviert, dann wird unser Verhalten durch das gespeicherte Programm, das nun zwangsläufig abläuft, wesentlich mitbestimmt.

Aber auch der ersten *aktiven* Liebe in unserem Leben ergeht es nicht viel anders: Auch sie endet mit einer Enttäuschung. Als Kind *lieben* wir die uns versorgenden Menschen ja auch *aktiv*, gehen auf sie zu, werben um sie, wollen ihnen in aller Unbefangenheit Guts tun, sie glücklich machen. Beim *kleinen Jungen* sind hier bereits sehr männliche Gefühle im Spiel, sexuelle Regungen mit dem Ziel, die Mutter zu erobern, sie zur kooperativen Partnerin zu gewinnen, sie glücklich zu machen. Die Erfüllung dieser Liebe wird in buntesten Phantasien ausgemalt und erfüllt das männliche Kind voll und ganz. Diese ersten sexuellen Regungen enden aber zwangsläufig wieder unglücklich. Eine noch so sehr mitfühlende Mutter kann die Liebe des Sohnes nicht erwidern und wird sich von ihm abwenden.

Aber auch *das kleine Mädchen* möchte nicht nur passiv geliebt werden, sondern will auch, wie der Junge, die Mutter aktiv erobern: Liebe mich doch, so wie ich Dich liebe. Christiane Olivier meint, daß eine Mutter ihre Tochter, weil sie Mädchen ist wie sie selbst einmal eins war, nicht »begehren« können wie sie ein männliches Kind – als Frau – »begehren« würde. Ich habe aus vielen Analysen eher den Eindruck, daß eine Frau in der Rolle der Mutter gerade ein Kind, das vom gleichen Geschlecht ist, weil es ihr ähnlich und damit vertrauter ist, viel eher lieben kann als ein männliches Kind, das so anders ist, so fremd.

Auf der »ödipalen« Stufe, so um das dritte bis fünfte Lebensjahr, hat es die Frau als Kind leichter; wenn der Vater mitspielt: Jetzt ist ihre neue Liebe zum Vater heterosexuell, während ihre alte Liebe zwangsläufig homosexueller Natur war. Sie kann jetzt erfahren, was es heißt, einen Mann zu lieben und von einem Mann geliebt zu werden; das heißt vor allem: geschätzt, geachtet, respektiert zu werden. Sie wird sich auch, eine überwiegend gute und wechselseitig liebende Beziehung vorausgesetzt, gern mit dem Vater identifizieren, das heißt so sein wollen wie er und dadurch in ihrer kleinen Persönlichkeit profitieren – sehr zum Vorteil für ihre späteren Liebesbeziehungen zu Männern.

Für den *Jungen* sieht die Entwicklung anders aus: Er ist gezwungen, zum Vater eine homosexuelle Beziehung einzugehen, will er ihn so wie Mama lieben und so von Papa geliebt werden wie einst in seiner ersten Liebe von Mama. Die biologisch vorgegebene gleichgeschlechtliche Natur dieser Liebe wird aus bekannten gesellschaftlich vermittelten Verhalten zwangsläufig schwierig sein. Deswegen weichen Vater und Sohn dieser liebenden Beziehung vielfach aus, gefolgt von schmerzlichen Gefühlen unerfüllter Liebe. Deswegen bleiben viele männliche Kinder lieber an ihrer ersten Liebe fixiert, mutter-gebunden, Mama-Kind, und suchen später als Mann in der Frau unbewußt die Mutter.

Die Zurückweisung der ersten und zweiten Liebe ist bei allen geschlechtsspezifischen Unterschieden in jedem Fall mit der gleichen Ur-Kränkung verbunden, in der die Mutter als allmächtig erscheint und man selbst als ohnmächtiges Anhängsel. Frühe Enttäuschungen sind denkbar geeignet, eine spätere Liebe empfindlich zu beeinträchtigen. Wird uns dieser Zusammenhang aber bewußt, so können wir uns viele Schmerzen in der Liebe ersparen. Von hier aus verstehen wir jetzt den Zwiespalt zwischen Vernunft und Liebe von der Antike bis heute, und die damit unvermeidlich verbundene Tragik ist eine unmittelbare Funktion der als Kind erlebten Enttäuschung.

Das Ausmaß der vorerlebten Enttäuschungen ist natürlich von Mensch zu Mensch verschieden. Die allgemeingültige Gesetzmäßigkeit des Ablaufs von früher Liebe und Enttäuschung trifft aber bei jedem von uns zu. Hatten wir das Glück, in der Enttäuschung von einem lieben Menschen getröstet worden zu sein, dann können »Unordnung und frühes Leid« überwunden werden. Man kann uns zeigen, daß es auch andere Ziele für unseren Eroberungsdrang gibt, ferner: daß es auch andere Menschen gibt, die uns gern haben. Erleben wir in unserem Schmerz eine derartige Zuwendung, dann wird die Wunde langsam heilen. Ist dies nicht der Fall, kommt es zu neurotischen Verarbeitungen in der Phantasie, zum Beispiel »Wenn Frauen zu sehr lieben« (Norwood) oder wenn Männer zu sehr »lieben lassen« (Wieck), zu perversem Handeln als »Positiv« der Neurosen, zu Alkoholismus oder Drogenmißbrauch als Ersatz für die vorenthaltene Liebe oder zu delinquentem Verhalten, wenn die entbehrte Liebe gewaltsam gestohlen wird; in der Vergewaltigung ganz direkt, oder indirekt verschoben auf materielle Werte wie Geld oder Schmuck.

Weniger pathologisch und eher normal sind narzißtische Kompensationen in Kunst, Literatur und Musik, wenn damit auch immer ein Ausweichen vor dem unmittelbaren Kontakt von Mensch zu Mensch verbunden ist. Wenn das Bild, das Buch oder die Musik gewählt wird, ist ja die direkte Berührung vermieden, gehen wir kein Risiko ein, verlassen oder sonstwie enttäuscht zu werden, behalten also die Kontrolle über die Sache.

Sexualität und Liebe

Venus, die römische Göttin des Frühlings, des Gartens und der Liebe, *Aphrodite,* ihr griechisches Gegenstück, Tochter des Zeus und der *Diana,* Göttin der sinnlichen Liebe und der Schönheit, sowie *Eros,* Sohn des Ares und der Aphrodite, geflügelter Knabe, der mit Pfeil und Bogen Götter und Menschen ins Herz trifft und die Liebe zwischen Mann und Frau entfacht – sie alle zeigen die vielfältigen symbolischen Aspekte sexueller Liebe: die Rolle der Schönheit, der sexuellen Lust und der Leidenschaft.

In einem erfüllten, gleichermaßen Sinnlichkeit, Leidenschaftlichkeit und Liebe umfassenden Geschehen gehen Venus, Aphrodite und Eros eine Synthese ein, die nicht zu schildern, nur zu erleben ist. Freudig erregte Stimmung bildet die seelische Ausgangsbasis, ausgelöst durch den Liebreiz der Geliebten oder durch entsprechende Reize des Geliebten. Genauso kann die Macht der Phantasie unsere Sinnlichkeit erregen. Ein Verlangen, eine Sehnsucht nach Erfüllung der Liebe treibt uns zur Geliebten beziehungsweise zum Geliebten hin und will diese oder diesen gleichzeitig zu uns herziehen. »Halb zog sie ihn, halb sank er hin und ward nicht mehr gesehn«, heißt es bei Goethe, als die Wasserjungfrau den »kühl bis ans Herz hinan« angelnden Fischer erfolgreich verführt.

Liebe wird zur Leidenschaft, zur Wollust, wenn Liebe die Geschlechtsorgane erregt und lustvolle Befriedigung in der Vereinigung der Genitalien, für die sie ja anatomisch und physiologisch geschaffen sind, gesucht und gefunden wird. Wenn Erich Fromm von der »Kunst des

Liebens« spricht, so gilt dies insbesondre für die sexuelle Liebe. Es ist deswegen gut, früh damit zu beginnen, Erfahrungen zu sammeln, um die sexuelle Liebe zu erlernen. Die modernen Verhütungsmittel nehmen den jungen Menschen die früher so häufig die geschlechtliche Liebe störende Angst vor Schwangerschaft und ermöglichen ihnen eine entspannte Art, miteinander umzugehen. Ich will nicht mißverstanden werden: Es geht mir natürlich nicht um das Erlernen einer mechanischen Liebestechnik. Nein, es geht um das Einüben von *Gefühlen*, des Füreinander-Seins, des Einander-Liebens und des Miteinander-glücklich-Seins; auch des Füreinander-Sorgens und -verantwortlich-Seins.

Die sexuelle Liebe schließt selbstverständlich das Eindringen des Gliedes ein. Die gesunde Frau empfindet hierbei sinnliche Lust als das Natürlichste auf der Welt. Die »sogenannte« emanzipierte Frau, die das natürliche Erfülltsein der Scheide mit dem Penis, wofür sie doch offen ist, als *Penetration* bezeichnet und als unerträgliche Demütigung empfindet, scheint in ihrer weiblichen Sexualität noch nicht frei zu sein. Sie kann offensichtlich die Abhängigkeit der Frau vom Mann nicht ertragen und wehrt sich daher durch *Abwertung* des Mannes; so wie Männer ihre unvermeidliche Abhängigkeit von der Frau durch deren Abwertung zu verringern suchen. Beide brauchen einander. Diese gegenseitige Abhängigkeit von Mann und Frau ist freilich leicht störbar.

Die Angst der Frau vor dem Mann ist nicht immer grundlos, dann nämlich nicht, wenn der Mann die Frau benützt und mit roher Gewalt seine Befriedigung erzwingt. Ein derartiges Verhalten zeigt, daß der Mann wohl zu sinnlicher Lust, einschließlich Orgasmus, fähig ist, nicht aber zu Liebe als menschlicher Leidenschaft. Orgasmusfähigkeit ist keine Garantie für Liebesfähigkeit. Sinnliche Lust bedarf der Integrierung in Leidenschaft; als ein starkes und anhaltendes Gefühl, das auch den Körper ergreift; als gesundes, psychosomatisches Phänomen, das, simultan, Körper, Seele und Geist umfaßt und gleichermaßen auf sich selbst wie auf ein Objekt, den Partner, bezogen ist. Ein derartig umfassendes Geschehen, das wegen seiner Komplexhaftigkeit langer Entwicklung bedarf, um zur Entfaltung zu gelangen, ist leicht störbar. Nicht von ungefähr leiden so viele Menschen heute an sexuellen Störungen: Potenzstörungen und Orgasmusunfähigkeit sind dabei nur die am leichtesten faßbaren Formen, derentwegen vielfach psychotherapeutische Hilfe in Beratung und Behandlung gesucht wird.

Die Angst des Mannes vor der Frau ist nicht minder begründet. Manche Frau benutzt ihren Mann als Opfer für den Haß und die Rache, die eigentlich dem Vater gelten. Die Analyse der latenten Störungen kann aufdekken, ob die Angst im einzelnen Fall wirklich berechtigt ist oder ob sie Produkt unserer Phantasie ist.

Viel häufiger als Potenzstörungen und Unfähigkeit zum Orgasmus ist die allgemeine Leidenschaftslosigkeit, die »*emotionale* Impotenz« in der sexuellen Begegnung bei *beiden* Geschlechtern. Schon die Sprache ist ein Indiz dafür: Man schläft miteinander, man geht zusammen ins Bett. Der Akt läuft mechanisch ab wie ein Reflex. Die Erregung der Sexualorgane läuft gleichsam leer. Sie bleibt abgespalten vom seelischen Erlebnis, vom Gefühl. Der sexuelle Akt vollzieht sich nicht leidenschaftlich, und dies sowohl in der Beziehung zum anderen wie zu sich selbst.

Es scheint, daß der *Mann* eher zur sinnlichen Liebe Zugang hat. Er ist leichter sexuell erregbar. Seine Schwierigkeit besteht aber darin, diese sinnliche Erregbarkeit in einen größeren Zusammenhang von *seelischem* Erleben zu integrieren.

Es scheint auch – und dies muß nicht aus biologischen Gründen so sein, sondern kann sehr wohl Folge von gesellschaftlich vermittelter Erziehung sein –, daß die *Frau* eher fähig ist, mit Gefühl zu lieben. Sie kann leidenschaftlich lieben, was aber nicht gleich heißen muß, daß sie gleichzeitig, in genitalem Sinne, sexuelle Liebe empfindet. Vorerfahrungen durch Selbstbefriedigung sind bei ihr seltener, auch heute noch. Ihre Schwierigkeit ist es also, die sinnliche Sexualität in das vorhandene leidenschaftliche Erleben zu integrieren. Die sinnliche Sexualität der Frau ist, wie wir durch die Untersuchungen von Masters und Johnson wissen, im vorderen Scheidendrittel lokalisiert, das als Erregungseinheit Klitoris, Schamlippen und Scheideneingang umfaßt. Es ist *die* Zone, die für die Frau aus Erfahrungen als Kind und junges Mädchen, durch Erziehungseinflüsse und durch die Verbindung mit dem Menstruationserlebnis vielfach negativ besetzt ist und oft aus dem Körpergefühl überhaupt ausgespart bleibt; eine Zone, die aber als erogene Zone naturgemäß die sexuelle Liebe in außerordentlicher Weise fördert. Sie gilt es, in das gesamte Körpergefühl zu integrieren. Unterstützt wird dies, wenn die Frau die eigene Genitalregion selbst erkundet, um auf diese Weise die biologisch vorgegebene größere Verborgenheit des weiblichen Genitale gegenüber den Verhältnissen beim Mann aufzuheben.

Auf die Diskussion über klitoridalen oder vaginalen Orgasmus will ich hier nicht eingehen, sondern nur soviel sagen, daß es sich beim Orgasmus um ein ganzheitliches Erleben handelt, das nicht an bestimmten Organen dingfest gemacht werden kann. Einzige Unterschiede zwischen den Geschlechtern sind aber doch wichtig:

Dem *Mann* ist das Genitale vertrauter. Er kennt es durch Onanie zur Genüge und weiß, wie es funktioniert. Was er aber oft nicht weiß, ist, daß es mit dieser Funktion nicht getan ist. Die sinnliche Begierde allein ist ein schaler Genuß ohne seelisches Fühlen, ohne Ergriffensein und Leidenschaft. Eine Onanie in der Scheide brächte weder dem Mann noch der Frau Erfüllung. Dieser Bezug zum eigenen Gefühl, zur eigenen Leidenschaftlichkeit ist aber bei vielen Männern heute genauso gestört wie die Fähigkeit, sich auf die Partnerin seelisch einzustellen, sie, mit einem Wort, zu lieben – was immer auch die Fähigkeit einschließt, sich in sie einzufühlen, sich mit ihr zu identifizieren.

Grund der Störung ist häufig mangelndes Vertrauen gegenüber der Frau. Das heißt im Zusammenhang mit der sinnlichen, geschlechtlichen Liebe ganz konkret: Mißtrauen gegenüber dem weiblichen Genitale. Es wird unbewußt als gefährliche Hydra erlebt, die einen zu zerstören oder zu verschlingen droht. Derartige Ängste können überwunden werden, wenn die *Partnerin* dem Mann durch ihr faktisch liebevolles Verhalten beweist, daß er ihr vertrauen kann. *Seine* Vorleistung dazu wäre wiederum, die Frau nicht dazu zu mißbrauchen, seine Potenz unter Beweis zu stellen. Oft sind es die eigenen Impulse des Mannes, die er in die Partnerin projiziert und dann als von ihr kommend erlebt.

Die *Frau* lernt es im allgemeinen früh, sich auf die andere Person einzustellen und sich selbst zurückzustellen. Ihr geht Beziehung über alles. Ihre größte Angst ist es, vom Geliebten verlassen und damit auf sich selbst zurückgeworfen zu werden. Wenn sie dann, was leider nicht selten ist, sich selbst nicht genügend achten kann, weil sie in ihrer weiblichen Geschlechtsidentität unsicher ist, so wie einst ihre Mutter, mit der sie sich bewußt deswegen nicht identifizieren wollte, unbewußt aber doch mußte, dann kann dies ihre letzte Selbstachtung kosten.

Die eigene Selbstunsicherheit macht ihre größere Abhängigkeit vom anderen aus. Sie kann überwunden werden, wenn sie sich selbst achten lernt als Mensch, aber auch als Frau in ihrer spezifisch weiblichen Geschlechtsidentität. Dazu gehört, daß sie innerlich ja sagt zu ihrem Geschlecht; einschließlich ihrer Körperlichkeit und ihrer Sexualität. Sie kann ihr Genitale ertasten und auch sehen. Sie kann von dem ganzen Reichtum ihrer genitalen Innenwelt erfahren, sie erkunden und ihre Geschlechtsorgane sich zu eigen machen, in ihr Körperbild integrieren. Anstelle der anatomischen Namen nenne ich hier lieber die Traumbilder einer Analysandin: Lotosblüte, Schatzkästchen mit vielen Schätzen drin, pulsierendes Leben.

Diese positive Einstellung zur Sexualität muß geduldig und unermüdlich gepflegt werden, soll Liebe dauern. Es handelt sich um eine innere Einstellung, aber auch um eine äußere Haltung, eine Tätigkeit. »Ohne Tätigkeit keine Lust«, sagt Aristoteles, und der Psychoanalytiker Michael Balint spricht von »*Eroberungsarbeit*, die unerhört viel Kraft fordert und in gemilderter Form, solange die Beziehung andauert, geleistet« sein will.

In dieser Art leidenschaftlicher Liebe ist die *aktive* Seite sexueller Liebe deutlich erkennbar. Die englische Wendung »falling in love« bringt dagegen treffend zum Ausdruck, daß eine *passive* Seite dazukommt. Die passive Bereitschaft, sich sexueller Liebe überlassen zu können, sich in dieses Geschehen hineinfallen lassen zu können, ist so wichtig, daß ich hierüber noch etwas mehr sagen möchte. Diese Fähigkeit ist an zwei Voraussetzungen geknüpft: an Vertrauen in sich selbst und in die eigene Liebe zum anderen; aber auch an Vertrauen in den anderen und dessen Liebe. Erst wenn beides gewährleistet ist, können wir uns fallenlassen und hingeben.

Damit ist aber eine Regression, ein Zurückfallen in frühere Erlebnisweisen verbunden, die wir als Kind erfahren haben. Dieses Fallenlassen wird im Akt der Hingabe wiedererlebt. Es schließt ein vorübergehendes Aufgeben der Ich-Grenzen ein, das heißt der Grenzen unseres Ich-Gefühls, verbunden mit einer sich »überkreuzenden« gegenseitigen Verschmelzung. Sie kann dem Erleben einer Rückkehr in den Mutterleib gleichkommen und hebt damit die schmerzliche Erfahrung des Voneinander-getrennt-Seins auf. Das »Aufgehen« im anderen während des Orgasmus kommt einem Ich-Verlust gleich, der wie ein Vorgefühl des Sterbens erlebt werden kann: »la petite mort«, der kleine Tod, so heißt das auf französisch.

Nur indem ich mich gebe kann ich gewinnen. »Das Tun des einen ist das Tun des anderen«, sagt Hegel, den wir als Philosoph des Idealismus und der Systematik des Geistes kennen, der aber sehr viel Verständnis für die besondere Beziehung zwischen Liebenden erkennen läßt. In den »Grundlinien der Philosophie des Rechts«, 1821 in Berlin erschienen, sagt er: »Das *erste* Moment in der Liebe ist, daß ich keine selbständige Person für mich sein will, und daß, wenn ich dies wäre, ich mich mangelhaft und unvollständig fühle. Das *zweite* Moment ist, daß ich mich in einer anderen Person gewinne, daß ich in ihr gelte, was sie wiederum in mir erreicht. Die Liebe ist daher der ungeheuerste Widerspruch, den der Verstand nicht lösen kann, in dem es nichts Härteres gibt, als die Punktualität des Selbstbewußtseins, die negiert wird, und die ich doch als affirmativ haben soll. Die Liebe ist das Hervorbringen und die Auflösung des Widerspruchs zugleich.« Das Dialogische in dieser Art der Beziehung zwischen zwei Liebenden ist hier unübertroffen wiedergegeben. Wird diese Beziehung angefüllt mit Leidenschaft, dann wird sie zum *»leidenschaftlichen Dialog«*.

In dieser Bezeichnung ist das Wesen der Liebe erfaßt: im Adjektiv *»leidenschaftlich«* ihre Leidenschaftlichkeit, in der Silbe *»dia«* das Durchdringende in der Beziehung zwischen zwei Menschen und in der Silbe »*log*« ihre geistige Dimension.

Dies bedeutet nicht, daß Leidenschaft gebremst, gehemmt wird oder sich im Sinne von Sublimierung in Geist auflöse. Dies käme ebenso einer Verkürzung der *dreidimensionalen Liebe* gleich, wie wenn der Bezug zum anderen fehlte. Geist wird hier nicht als »Widersacher der Seele« verstanden, sondern als Bewußtsein. Auf diese Weise werde ich mir meiner Leidenschaftlichkeit bewußt. Ich nehme Leidenschaftlichkeit in mein Ich auf, damit lebe ich aus dem Reservoir sexueller Triebkraft und kann mich im Dialog mit andern entwickeln.

Nicht was Es war, soll Ich werden, sondern Es soll vielmehr bestehenbleiben und Ich erfüllen, durchtränken, durchbluten. Nur *so* sind wir fähig, lebendig zu lieben. Dreidimensionale Liebe als Leidenschaft im Dialog, als Beziehung mit lebendigem Bewußtsein und als in Beziehung stehendes, von Leidenschaft erfülltes Bewußtsein – in ein und demselben Akt.

Ärger, Groll, Wut und Zorn – Destruktive Leidenschaften

Ärger

»Nichts als Ärger«, sagen wir, wenn sich unsere Absichten nicht verwirklichen lassen. »Es gab Ärger«, heißt es, wenn der andere »nein« sagte oder uns sogar Vorwürfe machte. Wir reagieren ärgerlich; wenn uns jemand ärgert und mit seinem Ärger empfindlich trifft, dann könnten wir »platzen vor Ärger« oder »vor Ärger in die Luft gehen«. Dann drängt es uns, den Ärger an jemandem auszulassen. Dann ärgern wir (aktiv) den anderen, während wir in den erstgenannten Beispielen (passiv) ärgerlich reagieren. Reagieren wir den Ärger nicht nach außen ab, dann wird er zum würgenden, erstickenden Ärger. Wir schlucken ihn hinunter, er ist aber dann nicht unwirksam, sondern wirkt nun nach innen. Kummer, Verdruß, Widerwillen, bis zum Ekel gesteigerte Abneigung, Entrüstung oder Verdrossenheit sind die Folge. Der Ärger kann sich so tief in uns eingraben, daß er in doppelter Verdrängung zu einer psychosomatischen Erkrankung, etwa zu einem Magengeschwür, einer Gallenerkrankung oder einem Darmleiden führt. Der Sprachgebrauch beweist die Zusammenhänge: Der Ärger legt sich auf den Magen, da geht uns die Galle hoch, wir haben eine Wut im Bauch. Der Mensch kann grün und blau werden vor Ärger, ja sich sogar zu Tode ärgern.

Groll

Groll ist unterdrückter Ärger, eine Form chronischen Hasses, den ich grollend gegen einen Feind hege und pflege. Man könnte von einem haßerfüllten Charakter sprechen. Solche Menschen haben eine ganze Kette von Kränkungen und Enttäuschungen hinter sich, die schon in früher Kindheit begannen. Viele in Heimen aufgewachsene Kinder sind »Kinder, die hassen«, sie bestehen aus nichts anderem als aus Haß. Ständige Gewaltbereitschaft ist die Folge der Mißhandlungen, denen sie ausgesetzt waren. Verstoßen und abgelehnt, allein gelassen und ohne jede Hilfe, konnten sie kein Selbstbewußtsein entwickeln. Derart vernachlässigte Kinder und Jugendliche zeigen uns, wie eng der Zusammenhang zwischen Groll und Selbstbewußtsein ist. Zur Gewalt bereite Jugendliche sind in ihrem Kern empfindlich getroffene, verletzte, selbstunsichere Menschen. Das schwelende Gefühl von Groll verdeckt nur die Schwere der Kränkung und Enttäuschung, die sie erlitten haben. Ihr Hunger nach Liebe wurde nicht gestillt. Es verwundert daher nicht, wenn sie ständig grollen und mit ihren Mitmenschen ebenso kalt, hart und herzlos umgehen, wie mit ihnen umgegangen worden war.

Elementare Bedürfnisse nach Schutz und Sicherheit wurden nicht befriedigt. Dazu kamen offene Ablehnung, Mißhandlung, Mißachtung, Mißbrauch. Damit ernten Eltern bei ihren Kindern das, was sie selbst gesät haben: leidenschaftliche Abneigung gegenüber allgemein anerkannten Normen und Werten, provozierende Verweigerung dessen, was sie selbst schätzen.

Wut, Feindseligkeit und Gewalt

Ärger und Groll steigern sich zur Wut, wenn das »Blut kocht«, wenn ein Mensch wutentbrannt, wutschnaubend und zum Platzen angespannt um sich schlägt, vor Wut in die Luft gehen will, und alles, was ihm in den Weg kommt, zerstört, wie beim Amoklauf. Wut ist, unserer Definition im zweiten Kapitel gemäß, ein Affekt, nämlich eine kurzdauernde direkte Reaktion auf von außen kommende Kränkungen; »narzißtische« Wut (Kohut 1975).

Feindseligkeit ist eine gegen eine Person gerichtete affektiv-kognitive Einstellung, für einen selbst spürbar, noch nicht sichtbar.

Gewalt ist dagegen das sichtbare feindselige Verhalten, das sich nicht scheut, den Feind körperlich oder seelisch zu verletzen, ihm Schaden zuzufügen; direkt oder indirekt.

Steigert sich die Wut und richtet sich schließlich gezielt auf eine bestimmte Gruppe der Gesellschaft, eine Minorität, wie zum Beispiel »die« Ausländer, dann wird sie zur Ausländerfeindlichkeit. Dann können wir darin keine Leidenschaft mehr erkennen, dann bricht die blanke Zerstörungswut durch. Sie verdient, um keine Mißverständnisse aufkommen zu lassen, unsere entschiedene Verurteilung. Harte Strafen verfehlen dabei durchaus nicht ihre Wirkung, denn »wer nicht hören will (oder konnte), muß fühlen!«

Zorn

Wut kann zu rasendem Zorn auflodern und sich urplötzlich als *Jähzorn* entladen, und ebenso rasch, wie er entbrannte, wieder »verrauchen«. Insofern befreit Zorn den Menschen.

Zorn kann aber auch als »heiliger« oder »gerechter« Zorn den Menschen dazu bringen, sich für ein Ziel einzusetzen und dafür zu kämpfen. Die Lust dabei drückt sich in Sprache und Handlung aus. Hier können wir also durchaus von »leidenschaftlichem« Zorn reden, dann zum Beispiel, wenn sich jemand leidenschaftlich für eine Sache einsetzt, nicht klein beigibt, sondern zornig für sie kämpft; ein *konstruktiver* Zorn. *Destruktiv* wird Zorn, wenn er in Tätlichkeiten, in grausame Handlungen ausartet und sich in Foltern oder Töten des Opfers äußert.

Wir brauchen aber nicht gleich in die Unterwelt der Gewaltkriminalität zu gehen. Jeder kennt die Boshaftigkeit seiner Mitmenschen, wenn sie über abwesende Dritte sticheln wie beim »Mobbing«; jeder kennt den beißenden Spott, mit dem Menschen ihre Mitmenschen herabsetzen und entwerten. Wenn wir ehrlich sind, stellen wir solche Neigungen auch in uns selbst fest, möchten sie nur nicht wahrhaben. So geht es uns zum Beispiel mit Gefühlen der Schadenfreude, wenn es unserem Gegner schlechtgeht, ihm ein Unglück widerfahren ist. Wer kennt nicht die insgeheime Freude über den Schaden, den der Nachbar erleidet, wenn *er* Konkurs anmelden muß und nicht wir.

Leidenschaftlicher Haß, grausame Rache – gescheitertes Leben

Wir sprechen von leidenschaftlicher Abneigung gegen einen bestimmten Gegner, von einem anhaltend starken Gefühl, das sich zu bitterem *Haß* steigert, sooft uns dieser Mensch begegnet. Deswegen glaube ich auch, daß Haß eine Leidenschaft sein kann. Ich werde begründen, weshalb. Es gibt Menschen, die Haß säen, wo immer sie auftreten, die, gehässig gegen alle, ihren Haß im Herzen tragen und nähren. Die gesamte Persönlichkeit scheint haßerfüllt. Kaum ist ein Anlaß gegeben, schon wird ein Streit vom Zaun gebrochen, gnadenlos wird der Gegner verfolgt. Haß ist meist unversöhnlich. Der Hassende hält nicht nur stur an seinem Haß fest, er pflegt ihn geradezu und bleibt aller Einsicht gegenüber unzugänglich. Mit blindem Haß verfolgt er den Gegner, ohne von ihm lassen zu können. Oder er wendet sich ab, lehnt ihn ab, entwertet ihn, läßt ihn sitzen, um sich jemand anderem zuzuwenden – eine zuwenig beachtete Form des Hassens; viele Fälle der Untreue sind so zu verstehen. Verborgener Haß ist auch das Motiv in vielen Fällen von Verleumdung, Intrige und Verrat. In versteckter Form können auch das Nichteinhalten von Verabredungen und allgemeine Unzuverlässigkeit Ausdruck latenten Hasses sein.

Nichts menschlicher als Haß. *Daß* wir hassen, davon müssen wir ausgehen. Damit ist auch Margarete Mitscherlichs (1972) Frage »Müssen wir hassen?« mit einem klaren »Ja« beantwortet. Daß dem so ist, beweist das Verhalten der Menschen seit Urzeiten.

Timon von Athen, die Hauptfigur in Shakespeares gleichnamigem Schauspiel, ist ein typisches Beispiel eines Haßmenschen. Er ist der personifizierte Haß. Sein Haß wendet sich gegen alle: Er lädt Gäste zur Tafel ein, setzt ihnen aber nur Schüsseln mit Wasser vor und jagt die Gäste anschließend wütend aus dem Haus. Er verflucht die Menschen und zieht sich in eine Einsiedlerklause zurück. Die Versuche seiner Mitmenschen, die begangenen Fehler wiedergutzumachen, schlägt er voller Hohn in den Wind, unversöhnlich und unerbittlich in seinem Haß. Wir sehen bei Timon auch schon den Anlaß des Hasses: Timon hatte sein Vermögen an Bittsteller verschwendet und als er bei ihnen Hilfe suchte, diese nicht gefunden. Sein Haß ist also reaktiv und enthält sehr viel Rache als untergründiges Motiv des Hasses. Die Zurückweisung hatte ihn in seiner Selbstachtung empfindlich gekränkt, und dafür rächt er sich.

Hier sind wir schon einer wichtigen *Ursache leidenschaftlichen Hasses* auf der Spur: tiefsitzende Kränkungen, Bloßstellungen, seelische Verletzungen, schwere Demütigungen. Ein geliebter uns wichtiger Mensch hat uns schwer enttäuscht. Ein Sohn wird mißhandelt, eine Tochter sexuell mißbraucht. Diese Enttäuschung ist um so schwerer zu ertragen, je abhängiger wir sind. Wir sind zutiefst getroffen, gekränkt. Die Reaktion darauf ist ohnmächtige Wut gegen alles oder gezielter unversöhnlicher gnadenloser Haß. Ohne derartige Aktivitäten kommt Angst auf. Hilflosigkeit und Ausweglosigkeit machen sich breit. Das ist aber der Boden, aus dem Haß, Zorn, Groll, Wut und Feindseligkeit wachsen. Diese heftigen Gefühle sind insofern Signale für eine reale oder eingebildete Gefahr.

Neben diesen psychischen Gründen spielen soziale Faktoren eine nicht zu unterschätzende Rolle bei der Entstehung von Feindseligkeit und Gewalt: Arbeitslose Jugendliche, ohne Aussicht auf eine sinnvolle Zukunft und einen einigermaßen befriedigenden Platz in der Gesellschaft, sehen vielleicht, wie andere, fremde Jugendliche wirklich oder vermeintlich eher Arbeit bekommen. Schon ist eine erste diffuse Wut ausgelöst, stellt sich gezielter Haß ein auf »die da«, ist latente Gewaltbereitschaft die Folge.

Werden diese schwelenden Gefühle, zusätzlich über Vorurteile, auf eine Zielgruppe gelenkt, dann kann die bislang diffuse Wut gezielt als Ausländerfeindlichkeit und nackte Gewalt gegen Sachen und Menschen, gefördert durch Alkohol, urplötzlich manifest werden. Voraussetzung dazu ist die im Vorurteil steckende Verteufelung des Fremden, der einfach deswegen gehaßt wird, weil er anders ist.

Haß zwischen den Generationen

Kinder hassen Eltern, und Eltern hassen Kinder. Wechselseitige enttäuschte Erwartungen und Hoffnungen sind die Ursache. Kinder entwickeln sich anders, als die Eltern es erwarteten. Töchter und Söhne haben das Recht, sich Mütter und Väter zu wünschen, die ihre Funktion als gutes Vorbild erfüllen.

Sie sind auf Vorbilder angewiesen, denen sie nacheifern können, mit den sie sich gerne identifizieren. »Das Ende der Vorbilder« (Margarete Mitscherlich 1978) ist gekommen, denn Eltern, die ihrerseits in ihrer Identität gebrochen sind, weil sie die Zeit des Nationalsozialismus oder des Kommunismus nicht bewältigt haben, können diese Vorbilder nicht sein. Sie eignen sich dazu nicht. »Bloß nicht so wie Mutter!«, denken viele Jugendliche »alles andere, als so wie Vater!« Auch hier korrespondiert die Heftigkeit der Wut dem Ausmaß der Enttäuschung, die wiederum eine Funktion des Grades der Idealisierung ist: Die Wut der enttäuschten Jugendlichen ist deswegen so groß, weil ihre Mütter und Väter, ihre Lehrer und Meister nicht den minimalen Erwartungen entsprachen, die sie zu Recht erwarten dürfen.

Die tragische Folge für die Persönlichkeitsentwicklung junger Menschen ist die, daß sie nichts haben, mit dem sie sich identifizieren können. Ihre Identität bleibt daher zwangsläufig defizitär.

Die damit unweigerlich verbundene innere Leere ist schwer zu ertragen. Sie kann vorübergehend betäubt werden durch Drogen, ertränkt in Alkohol oder übertüncht durch Mutproben wie Bungee-Springen, außen an der U-Bahn mitfahren oder durch Besprühen der Wände, wo immer leere Flächen locken.

Haß zwischen Mann und Frau

Haß der Tochter auf den Vater, des Sohnes auf die Mutter, kann sehr leicht auf einen gegengeschlechtlichen Partner übertragen werden, dann wird er zum *Geschlechterhaß*.

Schon die Sage berichtet von dem heute aktuellen Haß der Frauen auf die Männer. Kleist widmete diesem Thema sein Drama »Penthesilea«: Einst fielen Äthiopier bei den Skythen ein, töteten die Männer und bemächtigten sich der Frauen. Fortan haßten die Skythenfrauen die Männer. Als Amazonen überfielen sie ihrerseits das Land der Äthiopier, nahmen die Männer gefangen und entließen sie erst wieder, nachdem sie mit ihnen das Liebesfest gefeiert hatten. Penthesilea will Achill erobern und kann es nicht ertragen, daß dieser sie liebt. Sie muß Sieger bleiben. Als sie bemerkt, daß Achill ihr zuliebe scheinbar nachgibt, schießt sie ihm wutentbrannt einen Pfeil in den Hals und läßt den verhaßten Mann von einer Hundemeute zerfleischen.

Penthesilea ist unfähig zu lieben, wozu immer auch gehört, abhängig sein zu können. Um den Preis des Alleinseins wird die Beziehung zum Mann abgebrochen, so verhaßt ist die Abhängigkeit von ihm. Auch bei modernen Feministinnen wird das gegenseitige Aufeinanderangewiesensein von Mann und Frau als Minderwertigkeit, als Unterordnung erlebt. Woher rührt dieser Geschlechterhaß? Aus Unsicherheit und Minderwertigkeit; aus Gefühlen, die nicht bewußt werden dürfen, weil ihre Erkenntnis zu kränkend wäre? Auch hier gilt die Relation: Je unsicherer ein Mensch, um so größer der Haß. Penthesileas Verhalten ist nur eine Zerrform einer prinzipiellen

Ablehnung, welche die Frau alle möglichen Ausreden finden läßt, sich ja nicht hinzugeben, sich statt dessen militant der Frauenbewegung anzuschließen und gehässig die Männer als »Machos« oder »Softies« abzuwerten.

Nun gibt es in der Tat viele Männer, die die Frau vergewaltigen, unterdrücken, ausbeuten. Dies darf aber nicht generell zur Ablehnung des Mannes, zum Männerhaß führen. Das Umgekehrte trifft genauso zu: Es gibt viele Frauen, die Männer unterdrücken. Auch das darf nicht generell zu Frauenhaß führen. Hier kann die Psychoanalyse zu einer von Geschlechterhaß befreiten Beziehung zwischen Mann und Frau beitragen. Dazu gehört die Erkenntnis: Frauen sind genauso abhängig von Männern wie Männer von Frauen. Beiden fällt es schwer, sich diese Abhängigkeit einzugestehen.

Rache

Rache ist eine besondere Form von Feindseligkeit, bei der der Angriff nicht sofort erfolgt, sondern auf später verschoben wird. Rache zielt auf Vergeltung für erlittenes Unrecht. Insofern enthält der leidenschaftliche Haß der Jüngeren gegen die Älteren, der Frauen gegen die Männer und umgekehrt als Leitmotiv immer auch Rache. Rache ist umso heftiger, je mehr ein Mensch gekränkt, bloßgestellt, gedemütigt wurde. Insofern ist dieses heftige Gefühl, das sich zu leidenschaftlicher Rache steigern kann, berechtigt und verständlich.

Penthesilea rächt sich an den Männern für deren kriegerischen Einfall in ein friedliebendes Land, für das Töten der Männer und für den Mißbrauch der Frauen. Deswegen sinnt sie auf *Rache* und schreckt auch vor dem Töten nicht zurück.

Die Sage gibt uns weitere Einblicke in abschreckende Abgründe von Menschen, die rachedurstig nichts anderes mehr tun und lassen können, als Rache zu brüten, deren Leben ausgefüllt ist von nichts anderem als von Rachsucht. So nimmt zum Beispiel die verstoßene *Medea* blutige Rache als Vergeltung für die Untreue ihres Mannes Jason, den sie bekanntlich nicht anders zu treffen weiß als durch die Ermordung der eigenen Kinder.

Elektra liebt (so wie Ödipus die Mutter Jocaste) vor allem ihren Vater Agamemnon (Ich will dich sehen, laß mich heute nicht allein!). Seinen Tod durch Aigisthos will sie rächen und gleichzeitig die Mutter treffen (als Rivalin in der Liebe zum Vater). In tieferer unbewußter Schicht ist sie wütend auf die treulose Mutter, die ihr gegenüber den Vater als Partner vorzog und sie fallenließ. Elektras Haß ist in dieser Beziehung primär Rache aus Enttäuschung. Sekundär kommt der Sexualneid der genital empfindenden Frau auf die Mutter dazu, was Haß und Rache nur noch verstärkt. Als sie das, was sie unbewußt ahnt, von ihrem Bruder Orest erfährt, daß nämlich ihr Vater Agamemnon durch seine Frau Klytemnestra, ihre Mutter, ermordet wurde, sinnt sie nur noch auf Rache. Visionen von Rache erfüllen sie. Sie will nichts anderes mehr in ihrem Leben als den Tod des geliebten Vaters rächen. Sie will nicht eher ruhen, bis ihr Rachedurst gestillt ist. Elektras Sinnen und Trachten beweisen, in welchem Ausmaß leidenschaftlicher Haß und Rache den Menschen packen können. Es ist eine Leidenschaft, die die Selbstaufgabe nicht scheut, die kompromißlos ihr Ziel verfolgt und einzig und allein in der Vollendung leidenschaftlicher Rache den Sinn des Lebens sucht und findet.

Rache kann auch eine Abwehr sein gegen angstvolle, verdrängte Gefühle, die derart starkes Leiden mit sich brächten, daß sie lieber verdrängt bleiben. Solche schmerzlichen Affekte entstehen besonders im Zusammenhang mit dem Verlust eines für uns wichtigen Menschen. Es sind dies Trennungsschmerz, Trennungsängste und Gefühle der Trauer. Das Sinnen auf Rache erlaubt uns dann, diese schmerzlichen und peinlichen Gefühle nicht spüren zu müssen. Von Rache handelt auch das Nibelungenlied: Hier rächt sich Krimhild an Hagen für dessen Mord an Siegfried und für die Entführung des Nibelungenschatzes.

Die Rache der Frauen, so lautet der Titel eines Buches von Ursula Richter (1991). Darin wird, ausgehend von eigenen Erlebnissen, erzählt, wie sich Frauen rächen, wenn zum Beispiel ihre Liebe verschmäht wurde. Gleichzeitig wird deutlich, wie schwer Frauen Rache gemacht wird.

Die Rache der Frauen ließ sich aber gesellschaftlich gesehen sehr genau an den Stadien der Frauenbewegung studieren. Sie nimmt bittere Rache an den Männern, für deren jahrhundertelange Unterdrückung der Frau! »Da werden Weiber zu Hyänen«, heißt es in Schillers Lied von der Glocke und mancher linke Intellektuelle wunderte sich, als seine einst so anschmiegsame Frau durch die Frauenbewegung zur militanten Streiterin wurde, die ihm Angst einjagte, nicht selten gefolgt von unbewußter sexueller Verweigerung in Form seiner Potenzstörungen.

Die verunsicherten Männer schützen sich in Reaktion auf die erstarkten Frauen in Männergruppen und fangen an, ihre traditionell männlichen Werte in Frage zu stellen (Nitzschke 1988), oder suchen Verständnis für ihre schwierige Lage.

Wege gegen Gewalt, Ausländerhaß und Fremdenfeindlichkeit

»Die Wut muß heraus« lautet eine Faustregel in Sozialarbeit und Sozialpädagogik. Statt *Gefühlsstau* werden Ärger, Wut, Zorn und Haß besser nach außen abgeleitet; unter Kontrolle wohlgemerkt.

Dazu gibt es mehrere Kanäle:

1. Über die Sprache können wir mit dem anderen ein »Hühnchen rupfen«, »reinen Tisch machen«, auf hohem Niveau diskutieren, disputieren, differenzieren und präzisieren oder auf niedriger Ebene fluchen, daß »es kracht«, »verflucht und zugenäht« oder den anderen »in die Pfanne hauen«, ihm »eine rüberbraten«. Der Volksmund ist erfinderisch im Fluchen.

2. Über den Körper lassen sich in Sport und Spiel Ärger und Wut indirekt, in Spielregeln koordiniert und kontrolliert, »abreagieren«; im Mannschaftssport abgesteckt und abgegrenzt im eigenen Feld gegenüber dem Feld des »Gegners«. Die Faszination des Kampfspiels rührt von der latenten symbolischen Bedeutung des Überlebenskampfes, wenn zum Beispiel im Fußball alle bis zur Selbstaufgabe um den Ball »wie um eine Beute« kämpfen (Thomas Kutter).

3. Über die Kunst können Künstler auf einem dritten Weg der *Sublimation* unbewußt ihre Wut dadurch »abarbeiten«, daß sie furios den Pinsel beim Malen handhaben, gezielt auf einen Stein einhauen, in Holz »schneiden«, auf Kupfer »stechen«.

4. Über bestimmte Therapieformen, die besonderen Wert auf heftige Gefühle oder Affekte legen, wie die Primärtherapie Arthur Janovs, die Gestalttherapie Fritz Perls', die Bioenergetik von Alexander Lowen, die körperbezogenen Analysen Tilmann Mosers oder die von

Carl Rogers ins Leben gerufenen »Encounter-« oder »Begegnungs-Gruppen«. Harriet Goldhor Lerner gibt in ihrem Buch »Wohin mit meiner Wut?« ähnliche Antworten. Sie heben alle darauf ab, daß Ärger, Wut, Zorn, Groll und Gewaltbereitschaft kontrolliert abreagiert werden. »Mensch ärgere Dich!« heißt also die Devise; nicht »Mensch ärgere Dich nicht!«

Am besten ist aber die gesunde direkte Auseinandersetzung, in aufrechter Selbstbehauptung, im fairen Streit, in der konsequenten Durchsetzung berechtigter eigener Ziele, gegen unberechtigte Widerstände.

Neid und Eifersucht – Zwei Wege zum Unglücklichsein

Neid

Neid ist ebenso wie Eifersucht eine Leidenschaft, die mit Eifer sucht, was Leiden schafft und damit zwangsläufig unglücklich macht. Neid ist die Folge eines Gefühls von *Minderwertigkeit*. Wir sprechen vom »Neid der Besitzlosen« und meinen damit, daß die Besitzlosen den Besitzenden ihren Besitz neiden. Das, was wir nicht besitzen, nicht haben, erregt unseren Neid. Dabei muß es nicht immer Besitz sein, was Neid auslöst, es kann auch eine Eigenschaft sein, die Neid erweckt: Schönheit, Gesundheit, Intelligenz.

Im Gegensatz zu Eifersucht, bei der immer *drei* Personen beteiligt sind – 1. eine, die eifersüchtig ist, 2. eine, auf die wir eifersüchtig sind, und 3. eine, wegen der wir eifersüchtig sind –, geht es beim Neid stets um *zwei* Personen: Die eine Person neidet der anderen etwas, was sie selbst nicht hat. Da der Mensch nicht alles selber haben kann, an Gütern und an guten persönlichen Eigenschaften, wird es immer andere geben, die mehr oder anderes haben als er. So ist Neid ubiquitär, allgegenwärtig.

Der Mainzer Soziologe Helmut Schoeck bezeichnet Neid deshalb als eine »anthropologische Grundkategorie«. Er meint, daß Neid »viel universaler ist als wir zugeben« und daß es oft einer »Demaskierung« bedarf, den vielseitig maskierten Neid zu entdecken. Neidgefühle können so anhaltend und intensiv sein, den Menschen so erfüllen, ihn derart in ihren Bann schlagen, daß wir sehr wohl von einer Leidenschaft sprechen können, wenn auch in krassem Gegensatz zur Liebe, von einer, wie beim Haß, destruktiven Leidenschaft.

Einige Beispiele aus dem Alltagsleben mögen dies illustrieren: Eine Frau mißgönnt anderen Frauen, daß sie Kinder haben. Sie selbst hat aber große Angst, ein Kind zu bekommen, was ihr unbewußt ist. Bewußt ist ihr nur der Neid. Ein anderer Fall: Ein Mann platzt vor Neid, wenn er mit ansehen muß, wie befreundete Kollegen unbeirrt Karriere machen, während er mit jedem Vorgesetzten Krach bekommt. Einem anderen Menschen läßt der Neid auf die Geschwister keine Ruhe, weil diese in Verhältnissen leben, die zu erreichen ihm nicht möglich ist.

Diese drei Beispiele machen deutlich, welche Phänomene beim Neid eine Rolle spielen: Der Beneidete *hat* etwas, was vom Neider sehr hoch bewertet wird. Im ersten Fall ist es das Kind, im zweiten die Karriere, im dritten sind es die besseren materiellen Verhältnisse.

Der Neider schätzt sich selbst dagegen gering ein: Die Frau hat Angst, ein Kind zu bekommen, der Mann hat Schwierigkeiten mit seinen Chefs, im dritten Beispiel hat es der Betreffende in seiner materiellen Sicherung nicht weit gebracht.

Die Polarität der Werte zwischen Beneidetem und Neider ist für den Neid charakteristisch. Beide Pole gehören indes zusammen. Meist weiß der Beneidete gar nicht, daß er beneidet wird. Neid ist nämlich stumm nach *außen*, zehrt aber *innerlich* ständig an den Kräften. Fortwährend ist der Neider mit dem Beneideten beschäftigt. Er vergleicht sich mit ihm, mißt seinen Wert an ihm, seine körperliche Kraft, seine Intelligenz, seinen Reichtum. Magisch angezogen von den Vorzügen des Beneideten, kommt er immer wieder zu dem quälenden Ergebnis: Ich bin schlechter dran als der andere.

Neid wird zwar durch den Beneideten ausgelöst: Dieser stellt den auslösenden Reiz dar. Das Gefühl des Neides aber sitzt in der Seele des Neiders selbst: Selbstquälende, mißgünstige und selbstzerstörerische Vorstellungen erfüllen ihn. Die ständige Verstimmung bedrückt ihn, lastet auf ihm. Neid vergiftet innerlich, zehrt an der Substanz, nagt und frißt sich ein in die Seele. Dies ist die *psychische Dimension* des Neides.

Neid ist die sich selbst verzehrende Begierde. Wird der Neid chronisch und gibt der daran Leidende die Hoffnung auf, jemals etwas an den Verhältnissen ändern zu können, wird er zum *Ressentiment*, zum »Lebensneid«, wie Friedrich Nietzsche sagt. Dies ist eine Leidenschaft, die alles Starke, Wohlgeratene, Glückliche, Gesunde, Natürliche haßt, weil man es selbst nicht hat, und die ihre Befriedigung nur darin findet, an anderen kein gutes Haar zu lassen, sie schlechtzumachen, sie zu entwerten, um sie dadurch zu verkleinern, um sich selbst schadlos zu halten für das Entbehrte und für das Zu-kurz-gekommen-Sein.

Indem das Ressentiment das, was der andere hat, entwertet, entwertet der Ressentimenterfüllte aber zugleich sich selbst. Ich erinnere mich an einen Patienten, der, krank vor Neid, sich innerlich aufzehrte. Er entwickelte tagsüber Phantasien, in denen er im Reiche der Beneideten lebte, während diese sich nachts in seinen Träumen in seinem Haus breitmachten, es okkupierten und zerstörten. Die Neidgefühle zersetzten und vergifteten ihn auch körperlich: Er fühlte Gift in sich und träumte, daß sich sein Körper auflöse in eine gelbe Brühe mit spitzen und scharfen Messern darin. Hier, beim Ressentiment, sind alle Kriterien menschlicher Leidenschaft erfüllt. Insofern ist Ressentiment die Leidenschaft des Neides, leidenschaftlicher Neid, im Gegensatz zum Neidgefühl.

Ein Neid-Schicksal ist die *Selbstschädigung*. Wird diese

Selbstschädigung lustvoll, dann bekommt der Neid eine masochistische Komponente und nähert sich damit der Perversion. Die Selbstschädigung kann so weit gehen, daß körperliche Symptome entstehen. Der Mensch wird »blaß vor Neid«, weil sich die Blutgefäße verkrampfen und der Blutdruck erhöht; oder er wird »gelb vor Neid«, weil sich die Galle staut und ins Blut übergeht.

Ein zweites Neid-Schicksal ist der nach außen wirkende wütende *Haß*. Auf versteckte Weise versucht der neiderfüllte Mensch, dem beneideten zu schaden. Oft genug ist es gar nicht der Beneidete selbst, sondern jemand anderes, der den verhaltenen Haß gelegentlich in offenen Vorwürfen oder versteckten, gehässigen Bemerkungen abbekommt. Häufig ist es der Ehepartner, oder es sind die Kinder, die unter den Ausbrüchen oder dem ständigen, entwertenden Nörgeln des mit sich selbst unzufriedenen Neiders zu leiden haben, zum Opfer gemacht werden. Partner, Kinder, Freunde werden schlecht gemacht, hereingelegt, bloßgestellt, gegeneinander ausgespielt und verunglimpft. Auf oft perfide, intrigante Art sucht der Neider Entschädigung für sich selbst. So haben wir hier ein Neid-Schicksal vor uns, dessen Charakteristikum die *Fremdschädigung* ist. Shakespeares Othello, den wir als Beispiel für Eifersucht kennen, ist das Opfer eines Neiders, nämlich des nicht heißblütig hassenden, sondern kalt berechnenden Jago. Dieser ichbezogene Mensch neidet Othello seine Stellung, sein Geld und sein Glück mit Desdemona. Deshalb heizt Jago Othellos Eifersucht an, wo immer er kann, und findet sadistische Befriedigung im Verderben des Beneideten. Auch an dieser Stelle wird die nahe Beziehung zur Perversion deutlich, hier zum Sadismus. Aus Neid gespeistes Verhalten kann in *Kriminalität* übergehen. Sinnlose Zerstörung von Fremdeigentum ist häufig die Folge geradezu leidenschaftlicher Ausbrüche von Neid. Es heißt: »Sie haben gehaust wie die Vandalen«, wenn Jugendliche mutwillig Autos beschädigen, Automaten knacken oder die Apparate in Telefonzellen zerstören.

Im Neid-Schicksal Selbstschädigung wirkt die Neid-Arbeit nach innen, im Neid-Schicksal Fremdschädigung tobt sie sich nach außen aus. In jedem Fall ist das peinvolle Wahrnehmen von Vorzügen des anderen im Unterschied zu einem selbst die *stumme* psychische Ursache der *lärmenden* Symptome von Selbst- und Fremdschädigung. Sich selbst kann der Neider weder schätzen noch lieben. Selbst mißgünstig behandelt als Kind und Jugendlicher, mißgönnt er den anderen alles, woran sie sich freuen. Der Neider ist ein armer, bedauernswerter Mensch, selbstunsicher, voller Skrupel und Zweifel und ohne jedes gesunde Selbstbewußtsein.

In psychoanalytischer Fachsprache reden wir von einer narzißtischen Persönlichkeitsstörung. Deren Hauptmerkmal ist eine *»Ich-Störung«*, ein *Mangel* an einer stabilen, integrierten Ich-Struktur. Im Gegensatz zum eigenen, unsicheren Selbstgefühl erscheint alles andere in leuchtenden Farben. Die lebendige Rede anderer erinnert peinlich an die eigene »Gedankenblässe«. Diese *Unwertgefühle* sind so schwer zu ertragen, daß ein urplötzlicher leidenschaftlicher Ausbruch, bei dem man vor Neid bersten könnte, oder das ständig an den eigenen Kräften zehrende Gefühl blanken Neides als geringere Übel erscheinen.

Wir wollen jetzt drei spezielle Neidformen näher betrachten, die uns häufig das Leben schwermachen. Deshalb ist es gut, sie zu kennen.

Da ist zuerst der *Geschlechterneid*, der Neid zwischen den Geschlechtern. Bekannt und häufig mißverstanden ist der von Freud so genannte Penis-Neid als Neid des Mädchens auf das Glied des Knaben oder, im übertragenen Sinn, als Neid der Frau auf die in unserer Gesellschaft trotz Frauenbewegung sozial immer noch höher eingeschätzte Bewertung des Mannes. Wir haben keine Schwierigkeiten, diesen Neid auf die gesellschaftlich höhere Einschätzung des Mannes zu verstehen. Schwieriger ist es im allgemeinen, für den Penis-Neid Verständnis aufzubringen. Penis-Neid wird heute auch im psychoanalytischen Lager selbst nicht mehr als der große »kleine Unterschied« empfunden, und doch finden wir in der psychoanalytischen Praxis immer noch genug Frauen, bei denen der Neid auf das männliche Glied eine große Rolle spielt. Dies verwundert nicht, denn das Glied des Mannes ist sichtbar, während die Scheide der Frau unsichtbar ist. Die Frau kann den Mann auch deshalb beneiden, weil er auf Grund der anatomischen Verhältnisse – bei nicht erigiertem Glied – im Gegensatz zu ihr, nicht aktiv erobert werden kann. Er ist damit gleichsam vor Vergewaltigung geschützt, während die Frau auch in unerregten Zustand prinzipiell zu jeder Zeit vergewaltigt werden kann. Insofern ist die Anatomie wirklich, wie Freud schrieb, »Schicksal« und der Unterschied doch nicht so »klein«.

Je mehr die Frau glaubt, *unvollständig* oder *unvollkommen* zu sein, mit einem Körpergefühl, daß ihr etwas fehlt, um so mehr wird sie den Mann beneiden. Insofern ist die Wurzel des Neides wieder ein Mangel, nämlich Mangel im genitalen Bereich. Ist sich die Frau dagegen ihrer Weiblichkeit sicher oder gar stolz darauf, hat sie keinen Grund, dem Mann etwas zu mißgönnen.

Weniger bekannt ist, daß auch *Männer auf Frauen* neidisch sein können, und zwar auf ihre Fähigkeit, Kinder empfangen, austragen, gebären und stillen zu können. In primitiven Gesellschaften gibt es den Brauch der Männercouvade, bei der sich während des Wochenbettes der Frau auch der Mann ins Bett legt und sich versorgen läßt. Bei uns ist der Mann besonders neidisch auf die Brust der

Frau; nicht von ungefähr spielen Brüste in allen Variationen eine so große Rolle in unseren Illustrierten.

Allgegenwärtig ist der *Geschwisterneid*. Jüngere Geschwister schauen ebenso voller Mißgunst auf die bevorzugte Position der älteren in der Geschwisterreihe wie ältere auf die jüngeren, wenn diese bevorzugt werden. Wer kennt nicht die Wutausbrüche in der Kinderstube, wenn das eine Kind dem anderen das Spielzeug zerstört, weil es dieses nicht selbst haben kann. Das Kind denkt: Wenn ich es nicht habe, soll es das andere auch nicht haben. An Kindern und deren offenem Neid können wir leicht beobachten, was im Erwachsenen verborgen ist.

Überall anzutreffen ist auch der *Generationsneid*, der Neid zwischen Eltern und Kindern. Eltern neiden Kindern ihre Jugend, ihre Frische, ihre Ungezwungenheit, ihre Freiheit; nicht zuletzt ihre größere sexuelle Freizügigkeit. Kinder neiden umgekehrt Eltern ihren zeitlichen Vorsprung, ihre Position, ihr Wissen, ihr Sexualleben. Aus Analysen wissen wir, daß es letztlich der Neid des kleinen Babys ist, der noch im Erwachsenen nachwirkt, der Neid nämlich des Babys an der Brust auf die Quelle, aus der Milch und Honig fließen. Melanie Klein, die 1960 in London verstorbene Analytikerin, hat die zerstörende Macht dieser heute allgemein anerkannten frühen Neidgefühle in psychoanalytischen Behandlungen von Kindern entdeckt. Sie finden sich aber auch in vielen Analysen von Erwachsenen.

Neidgefühle sind der Entwicklung des Kindes sehr abträglich. Da das beneidete Objekt in der Phantasie entwertet, angegriffen und zerstört ist, kann es dem Kind nicht mehr nützen. Schuldgefühle, es zerstört zu haben, quälen es. Ängste, deswegen angegriffen zu werden, erfüllen es und treiben es in die Verzweiflung desjenigen, der tragischerweise aus Neid gerade das zerstört hat, was er braucht. Mancher Mißerfolg oder Fehlschlag ist auf Folgen des Neides zurückzuführen. Es handelt sich um Menschen, »die am Erfolg scheitern« (Freud 1915). Ist es doch sehr schwer zuzugeben, daß einem etwas fehlt und daß der andere dieses gewisse Etwas hat. Entwerten wir das Gut des anderen, dann haben wir zwar unser Selbstwertgefühl scheinbar wiedergewonnen, uns aber gleichzeitig die Möglichkeit genommen, Hilfe zu bekommen.

Neben diesen psychologischen Aspekten von Neid soll aber *die soziale Dimension des Neides* nicht vernachlässigt werden: Neid entsteht auch durch *reale soziale* Ungerechtigkeiten. Was soll denn das in Armut aufwachsende Kind machen, um angesichts seiner beengten Verhältnisse nicht auf diejenigen, die bessere Chancen haben, neidisch zu sein? Was soll denn der arbeitslose Jugendliche tun, um nicht auf die Söhne und Töchter besser situierter Eltern, die das Gymnasium besuchen, voller Neid zu schauen? Und wie sollten die Arbeiter und Handwerker nicht diejenigen beneiden, die höhere Schulen und Universitäten besuchen, aufstehen können, wann sie wollen, Zeit haben, interessante Bücher zu lesen, Muße, nachzudenken, Gelegenheit, zu diskutieren und sich politisch zu engagieren?

Diesen von *sozialen* Ungerechtigkeiten herrührenden Neid *psychologisch* zu deuten, wäre eine verkürzte Betrachtungsweise. Ihn ausschließlich psychoanalytisch erklären zu wollen, täte den Betroffenen unrecht. Hier können nur *politische* Maßnahmen mit dem Ziel einer größtmöglichen Chancengleichheit Abhilfe schaffen. Hier ist viel getan worden: in der Bildungspolitik, im Gesundheitswesen; hier bleibt aber noch viel zu tun.

Allerdings dürfen wir nicht der Illusion verfallen zu glauben, daß die Unterschiede zwischen den Menschen gänzlich abzuschaffen wären. Der Unterschied zwischen den Geschlechtern bleibt ebenso naturbedingt bestehen wie der zwischen Eltern und Kindern und der zwischen Geschwistern. Diese Grundgegebenheiten des Lebens sind ebensowenig abzuschaffen wie Unterschiede im körperlichen Aussehen. Dies ist in keinem politischen System möglich. Was wir aber tun können, ist folgendes: die unvermeidbaren Unterschiede nicht unnötig groß werden zu lassen, etwa in der Erziehung unserer Kinder. Was wir außerdem tun können, ist: die vermeidbaren Unterschiede so klein wie möglich zu halten durch entsprechenden materiellen Ausgleich zwischen den viel Besitzenden und den wenig Besitzenden, etwa durch die Steuergesetzgebung zwischen Kinderreichen und Kinderlosen, zwischen Verheirateten und Ledigen. So läßt sich Neid verhüten.

Was können wir in dieser Hinsicht noch tun? Wir können bereits entstandenen Neid umzuwandeln versuchen in *gesundes Rivalisieren.* Anstatt ständig nach den Besitzenden zu schielen und alle Kraft im Neid zu verzehren, können wir selbst beginnen, etwas »zu erwerben, um es zu besitzen« (Goethe). Wir können das Mißverhältnis zwischen der *Unter*schätzung von sich selbst und der *Über*schätzung des anderen in Frage stellen und den Neider auf seine eigenen Vorzüge aufmerksam machen, die er vor blankem Neid auf die Vorzüge des anderen gar nicht mehr wahrnimmt. So kann eine Frau, die die Männer um ihr Ansehen in unserer Gesellschaft beneidet, in einer Art »Umwertung der Werte« die Vorzüge entdekken, die in ihrer eigenen, ihr selbst aber bislang verborgenen Weiblichkeit begründet sind.

Freilich werden dadurch die Unterschiede zwischen den Menschen *nicht* aufgehoben. Deshalb ist eine neidlose Gesellschaft eine Utopie. Wir können aber alles tun, um zum Beispiel *als Eltern* unsere Kinder zu selbstsicheren Menschen heranwachsen zu lassen. Unter allen Umständen sollten wir vermeiden, ihnen in übertriebener, neidgesteuerter Leistungssucht ein schlechtes Vorbild zu geben. Damit wäre vielen Formen des Neides am besten vorgebeugt. Dies setzt allerdings voraus, daß einerseits die Eltern in sozial einigermaßen stabilen Verhältnissen leben; dafür zu sorgen wäre *Aufgabe des Staates*. Es setzt zum anderen voraus, seiner selbst psychisch einigermaßen sicher zu sein; dies wäre eines jeden *eigene* Aufgabe.

Sind beide Bedingungen erfüllt, dann können wir neidlos das anerkennen, was der andere hat. Ich kann mir selbst dann sagen: Habe ich auch eine bestimmte Qualität des anderen nicht, so habe ich doch etwas anderes, was dieser nicht hat. Als in meiner Geschlechtsidentität sicherer Mensch habe ich Neid auf das andere Geschlecht nicht nötig. Wenn ich mich selbst schätze, entbehrt Existenzneid seiner Grundlage. Ich weiß, wer ich bin, deshalb kann ich den anderen so sein lassen wie er ist, anstatt mich darin zu verzehren, der andere *sein* zu wollen.

Alles in allem: Neid ist ein Gefühl, das wir insofern als Leidenschaft bezeichnen können, als es – im wörtlichen Sinne – Leiden schafft. Wir wollen den Neid weder über-, noch unterschätzen. Wir können ihn aber in uns selbst und in anderen rechtzeitig erkennen, um besser gerüstet zu sein, mit dieser unglückseligen Leidenschaft so umzugehen, daß größerer Schaden vermieden und unnötiges Leiden verhindert wird.

Eifersucht

Wenn wir in der täglichen Arbeit stehen und weder Zeit noch Kraft haben für Liebe und Leidenschaft, ist uns das Gefühl von Eifersucht natürlich fremd. Unsere Leidenschaftslosigkeit und Gefühllosigkeit schützen uns davor. Wenn wir uns aber an Zeiten erinnern, in denen wir

jemand sehr liebten, dabei unser selbst aber noch unsicher waren, etwa an die Zeit der ersten Liebe – oder wenn wir jetzt in einer Lebensphase stehen, in der die Liebe uns spürbar erfüllt, dann ist uns dieses Gefühl brennenden Schmerzes gewiß nicht fremd: Wir sind ergriffen von Schmerz, wenn wir nur daran denken, daß die Geliebte sich nicht mit uns, sondern mit einem *anderen* trifft. Daß dem so ist, kann wahr sein oder nur eingebildet Dies ändert nichts an unserem Leid, das an der Seele nagt und frißt.

In dieser Verfassung verhält sich der Mensch nicht rational. Sein Verhalten wird vielmehr von irrationalen Motiven gesteuert, über die sein Verstand keine Gewalt hat. Eifersucht verfolgt ihn, wo er geht und steht. Ist er an der Seite der Geliebten, dann wacht er eifersüchtig über sie; sie darf sich nicht zu auffällig kleiden, sich nicht hübsch machen, denn all dies könnte dem verhaßten Nebenbuhler gelten und nicht ihm. Der Eifersüchtige läßt seine Geliebte mit Eifer nicht aus den Augen. Verläßt sie ihn, dann verfolgt er sie unablässig, läßt sie von Freunden kontrollieren oder überläßt dies gar einem Detektiv. Ertappt der Betrogene die Freundin in der Tat einmal »in flagranti«, dann wird der Schmerz unerträglich: Jetzt hat er wirklich das gesucht und gefunden, was sein Leiden gerade *schafft*, ständig nährt und lebendig hält.

Eifersucht kann andere Gefühle nach sich ziehen, die ihrerseits leidenschaftlich verfolgt werden; *Eifersuchtsschicksale* sind Folgen der Eifersucht: Eine Frau kann zornig reagieren über die wahre oder eingebildete Untreue des Freundes, sie kann wütend auf ihn sein, ihn direkt hassen; einer der vielen Gründe, aus denen Liebe urplötzlich in *Haß* umschlägt. Der Haß kann dabei so weit gehen, daß man den sonst so geliebten Freund herabsetzt, verachtet, entwertet. Jede Kränkung, die sie ihm zufügen kann, ist ihr recht. Jede schwache Stelle wird dazu genutzt. Der Haß bleibt vielfach unterdrückt und äußert sich nur darin, den Freund zu quälen; er wird einem Verhör ausgesetzt, er muß alle Einzelheiten über die Begegnung mit der anderen Frau berichten. Dabei ist es nicht allein wichtig, was der untreue Freund tut oder unterläßt, sondern auch, wie sich die gehaßte Rivalin verhält. Hier dämmert uns ein unbewußter Grund zur Eifersucht, nämlich eine latente Beziehung der eifersüchtigen Frau zu der Rivalin.

Ein anderes Eifersuchtsschicksal ist es, wenn sich Eifersucht nicht als Zorn, Wut oder Haß nach außen auswirkt, sondern nach innen schlägt und zum *Selbsthaß* auswächst. Die Qual richtet sich nämlich oft genug auf den Eifersüchtigen selbst; er quält sich vor allem selbst. Es ist ein selbstquälerisches Leiden, geboren aus Zweifeln an der Treue des Geliebten, aus Zweifeln an den eigenen Fähigkeiten zu lieben, und an den Wünschen, geliebt zu werden; Zweifel, die von Mißtrauen und Argwohn genährt und ständig geschürt werden. Das Eifersuchtsschicksal der *Selbstqual* führt zu Passivität, Tatenlosigkeit, Resignation und schließlich zur Selbstaufgabe, die Selbstmord nicht ausschließt; so wertlos und verächtlich empfindet sich der in seinem Selbstwert verletzte und gedemütigte Mensch.

Ein weiteres Eifersuchtsschicksal ist die *Flucht in die Aktivität*, in den Tatendrang. Mag die Unruhe anfangs noch aus übersteigertem Mißtrauen stammen, unterhalten von Argwohn und Mißtrauen mit dem Ziel, die treulose Geliebte oder den treulosen Geliebten zu verfolgen, so wird sie später mehr und mehr aus leidenschaftlicher *Rache* gespeist. Jetzt bekommt die Eifersucht etwas Blindwütendes, das nur auf Rache sinnt. Ziel der Rache muß nicht immer die treulose Geliebte sein (um jetzt wieder aus der Sicht des Mannes zu sprechen). Die Rache richtet sich häufig genug, oft sogar ausschließlich, auf den verhaßten Rivalen, der dem Eifersüchtigen die Geliebte gestohlen hat. Dieser Rivale wird verfolgt, bekämpft und geschmäht, wo immer es geht. Er muß büßen für seine Unverschämtheit, einem die Geliebte einfach wegzunehmen, auszuspannen; Grund genug für blindwütende, leidenschaftliche Rache. Tiefster Grund für die Heftigkeit dieser Leidenschaften sind die schon mehrfach erwähnten Enttäuschungen des kleinen Kindes zwischen Mutter und Vater. Ohne diese vorausgegangene Ur-Kränkung könnten wir die ruhelose Leidenschaft in der Eifersucht erwachsener Menschen nicht verstehen und befriedigend erklären.

Leidenschaft dauert oft Jahre oder gar Jahrzehnte. In Shakespeares »Othello« führt die Eifersucht direkt zum Mord.

In einer Zeit ohne Leidenschaft werden solche Gefühle nicht geäußert. Sie werden *verdrängt*, und zwar um den Preis der verschiedensten seelischen Störungen: Ein Mann glaubt, von einer Frau betrogen zu werden, und empfindet große Eifersucht. Anstatt nun, wie unsere Helden in Drama und Roman, dieses Erleben »mit Eifer zu suchen«, erwacht er eines Morgens und kann nicht mehr lesen. Seine Augen sind organisch gesund, er sieht die einzelnen Buchstaben, bringt sie aber nicht zu Wörtern zusammen, geschweige denn die Wörter zu Sätzen. Eifersucht hat ihn buchstäblich blind gemacht. Die Analyse vermag zu zeigen, was in ihm vorging: Er fand einen Brief seiner Frau, den diese an den Freund schrieb, voller Liebesschwüre. Dies hat ihn so erschüttert, daß ihm die Buchstaben vor den Augen tanzten und er den Sinn der Worte nicht fassen konnte. Diese Anwandlung von seelischer Schwäche hatte er aber in seinem Bewußtsein und nach *außen* bald heroisch überwunden und die keimenden Gefühle von Eifersucht und Haß über die Untreue, die Racheimpulse und die mörderischen Regungen gegenüber dem Rivalen samt und sonders nach *innen* gewandt und unterdrückt. Dort wirkten sie aber, ihm selbst nicht bewußt, weiter und führten über Wege der neurotischen Symptombildung zu der Sehstörung. Eifersucht kann also wirklich blind machen.

Statt dieses Symptoms hätte unser Mann auch quälende Bauchschmerzen oder stechende Herzbeschwerden bekommen können, er hätte an einer depressiven Verstimmung oder an zwanghaftem Grübeln erkranken können. Er wäre zum Arzt gegangen, wäre dort gründlich und nach allen Regeln der medizinischen Kunst untersucht oder gar ins Krankenhaus überwiesen worden, ohne Erfolg, bis vielleicht jemand auf die Idee gekommen wäre, an eine seelische Ursache zu denken und ihm eine Psychoanalyse zu empfehlen. Dort wären dann im Laufe des psychoanalytischen Prozesses dieselben Leidenschaften zum Tragen gekommen, die unsere Helden aus Literatur und Kunst auf den Höhen erfolgreicher Liebe genießen und in den Tiefen der erlebten Untreue und der Eifersucht bis zur bitteren Neige auskosten.

Untreue und Eifersucht hängen eng zusammen: Der andere liebt nicht uns, sondern einen Dritten. Jeder kennt dieses Gefühl stechenden Schmerzes, quälender Bitterkeit und drückender Trauer, das mit dieser Tatsache oder auch nur mit ihrer Vorstellung verbunden ist: Man hat das Gefühl, etwas Wertvolles verloren zu haben, etwas, das jetzt von uns getrennt ist, das wir nicht mehr haben. Es ist ein Gefühl, beraubt, bestohlen worden zu sein. Die entstandene Leere nach dem Verlust bedingt das damit verbundene Gefühl der Trauer.

Während wir uns im Zustand der Eifersucht befinden, glauben wir, daß der andere und der Dritte zusammen sind: die Geliebte mit dem verhaßten Nebenbuhler, der Freund mit der verhaßten Rivalin. Wir selbst sind allein.

Unter diesem Aspekt der Beziehung ist es also die *Situation des Alleingelassenseins,* des Verlassenseins, des Im-Stich-gelassen-Seins, das die soziale Dimension der Eifersucht charakterisiert. Wir fühlen uns als Betrogene, denn wir hatten ja zuvor an den anderen geglaubt, ihn geliebt und uns als von ihm geliebt erlebt. Diese *Enttäuschung* mit der damit verbundenen *Kränkung* kennzeichnet die *psychische* Dimension der Eifersucht. Sie ist übrigens um so größer, je größer die eigene Liebe war, je abhängiger wir uns fühlten und je mehr der andere uns betrogen hat.

Die Erfahrung, durch einen Dritten betrogen worden zu sein, ist kränkend und demütigend; sie verletzt das Selbstwertgefühl, erschüttert das Selbstvertrauen. Es bedarf schon einer gesunden Selbstsicherheit, um eine derartige Enttäuschung seelisch verarbeiten zu können. An dieser Selbstsicherheit aber mangelt es demjenigen, dem Eifersucht zur Leidenschaft auswächst, die ihn dann das Schicksal des Hassenden, der Rache oder des Selbstquälens erleiden läßt.

Die Eifersuchtsschicksale sind somit die Folgen der nicht ertragenen narzißtischen *Kränkung,* das heißt der Kränkung unseres Selbstwertgefühls. Haß und Rache helfen uns nur, die Demütigung des Verlassenwordenseins zu ertragen, unser verlorenes Selbstgefühl wieder zu erlangen. Analysieren wir die Hintergründe des Hasses, der Rache und der Selbstquälerei, so stoßen wir in tiefster Schicht auf unsere beschädigte Selbstachtung. Der Rivale/die Rivalin zeigt uns nämlich zweierlei: Erstens, daß wir nicht liebenswert sind, und zweitens, daß unsere Liebe ihr Ziel verfehlte und somit wirkungslos blieb. Wir erscheinen unfähig zu lieben. Das kränkt uns. Unsere Eifersucht hält uns einen Spiegel vor: So bist du. Es ist also *die Enttäuschung am eigenen Ideal,* was uns in der Eifersucht so kränkt, was den beschämenden Charakter des Schmerzes in der Eifersucht ausmacht. Die gekränkte Selbstachtung ist der verborgene, stumme Grund der Eifersucht, während Haß und Rache ihre *lärmenden* Erscheinungen sind.

Das Ziel von Haß und Rache kann der Partner sein oder auch der Dritte, dem sich der Partner zuwandte. Analysieren wir die Gründe dafür, dann stellt sich heraus: Der Mann greift die *Partnerin,* die untreue Frau an, wenn er von ihr – passiv – geliebt werden will. Er attakkiert dagegen den von ihr bevorzugten *Rivalen,* wenn er sie – aktiv – liebt, das heißt, wenn das eigene Lieben das wesentliche Gefühl ist und nicht der Wunsch, geliebt zu werden. Im ersten Fall – der betrogene Mann greift die Partnerin an – ist der Mann zwar der *passiven* Liebe fähig, er bleibt aber abhängig von der Zuwendung seitens seiner Partnerin und kann so nur erleben, verlassen worden zu sein. Im zweiten Fall geht es um *aktives* Lieben, eine Aktivität, die den Mann befähigt, den Haß direkt auf den Rivalen zu richten.

Das Interessante ist nun, daß sich hinter dieser Rivalität, hinter dem *Haß* auf den Rivalen nicht selten auch noch eine sehr versteckte *Liebe* verbirgt, die in unserer Gesellschaft aber immer noch sehr verpönt ist, nämlich deshalb, weil sie einem Menschen des *gleichen* Geschlechts gilt. Was aber in der Beziehung zwischen gleichgeschlechtlichen Menschen häufig mitschwingt, hat nicht gleich mit homosexuellen Handlungen zu tun. Unbewußt interessiert uns der gleichgeschlechtliche Dritte in dieser Sicht mehr als der andersgeschlechtliche Geliebte. Wir sind also eifersüchtig, weil der Dritte – aus der Sicht des Mannes – die Partnerin liebt und nicht uns. Da gleichgeschlechtliche Liebe aber verpönt ist, sagen wir uns unbewußt: »Ich liebe ja nicht ihn, sie liebt ihn ja«, womit wir die homosexuelle Komponente der Eifersucht auf die Partnerin projiziert und damit aus unserem Bewußtsein ausgeschlossen haben. In pathologischen Fällen kann die verborgene Homosexualität bis zur *Eifersuchtsparanoia* führen, in der alles Tun und Lassen des anderen Beweis für die Untreue ist, obwohl keinerlei realer Anlaß dazu besteht.

Neben verborgenen homosexuellen Impulsen kommt es auch vor, daß *eigene* Regungen der Untreue unbewußt auf den Partner projiziert werden, so daß wir sie dann als ihm zugehörig erleben. Dabei gilt: Die Eifersucht ist um so größer, je größer die eigenen abgewehrten Wünsche sind, dem Partner untreu zu werden.

Als Kind haben wir die in der Eifersucht verborgenen Gefühle alle schon einmal erlebt. Wir hatten passiv unser erstes Liebesobjekt, die Mutter, geliebt und mußten die schmerzliche Erfahrung machen, nicht wiedergeliebt worden zu sein. Auch die liebste Mutter wird sich einmal vom Kind ab- und ihrem Mann zuwenden. Der treusorgende Vater wird das Kind früher oder später im Stich lassen, um seine Frau zu lieben. Von wem auch immer das Kind geliebt werden möchte, es macht die schmerzliche Erfahrung, im Stich gelassen worden zu sein.

Die zweite schmerzliche Erfahrung macht das Kind, wenn seine erste kindliche aktive Liebe, sein Lieben, nicht »ankommt«, wenn es nicht für voll genommen oder gar zurückgewiesen wird, mag diese Abweisung nun von der Mutter, vom Vater oder von einem anderen Menschen seiner Umgebung ausgehen. Auch hier ist die seelische Kränkung um so größer, je weniger die Erwachsenen in Wirklichkeit in der Lage waren, positiv auf die aktiven Regungen des kleinen Kindes zu reagieren.

In dieser *Ur-Kränkung* sehe ich das zentrale Moment der Eifersucht und ihrer Schicksale: Es ist die *seelische* Verfassung des Kindes, dessen Wünsche, geliebt zu werden, ihm ebenso versagt bleiben wie die, lieben zu können. Es ist die *soziale* Situation des von den anderen

Ausgeschlossenen, dessen, der »draußen vor der Tür« steht, während die beiden anderen drinnen sind und zugleich lieben und geliebt werden. In dieser Ur-Erfahrung sehe ich den Hauptgrund für neurotische und andere psychopathologische Entwicklungen. Insofern ist *Verlassenheit der »Kern-Komplex« der Neurose* und nicht der »Ödipus-Komplex« mit seinen von Freud beschriebenen Phantasien über Inzest und Todeswünsche gegenüber den Eltern. Was wir *real* erfahren, sind folgende *Tatsachen*: Wir werden nicht geliebt, unsere Liebe findet keine Resonanz, man läßt uns allein. Insofern können sogenannte ödipale Phantasien, nämlich – aus der Sicht des Knaben – mit der Mutter geschlafen und den Vater umgebracht zu haben, sogar helfen, *die viel schmerzlicheren Gefühle des Alleingelassenseins* leichter zu ertragen. Die ödipalen Phantasien und Gefühle stellen, psychoanalytisch gesprochen, Abwehrmanöver des kindlichen Ich dar. Mit diesem neuen Verständnis der »triangulären« Situation des Kindes zwischen Mutter und Vater lösen sich die fruchtlosen Debatten über die Frage, ob eine neurotische Störung nun aus *ödipalen Konflikten der Dreiecksbeziehung* zwischen Mutter, Vater und Kind *oder aus narzißtischen Konflikten* herrührt: Die ödipale Dreierbeziehung mit dem Kind als dem Ausgeschlossenen *ist* die narzißtische Kränkung. Ödipaler Konflikt und narzißtische Kränkung sind, unabhängig davon, ob sich nun das Objekt vom Kind ab- und einem Dritten zuwendet oder ob dieser Dritte in die Beziehung, die das Kind mit dem anderen hat, eindringt und diese stört, in ein und derselben *psychischen* Verfassung und in ein und derselben *sozialen* Situation enthalten.

Diese *Grundbefindlichkeit* in der Entwicklung des Menschen wahrzunehmen, zu erkennen und zu verarbeiten, ist offensichtlich sehr schwer. Lieber quälen wir uns und unsere Mitmenschen mit eifersüchtigem Haß, mit Wut und Rache und steigern uns in derartige Gefühle leidenschaftlich hinein, die im Extrem Mord und Selbstmord nicht ausschließen. Lieber leiden wir nach Verdrängung von Haß, Wut und Rache an vielfältigen körperlichen und seelischen Störungen, an Kopfschmerzen, Herzbeschwerden, Depressionen und Zwängen, als daß wir erleben, erleiden und – erkennen, was unvermeidbar ist.

Es liegt also an uns selbst, welches Schicksal unsere Eifersucht erleidet. Gelingt es uns einzusehen, daß wir alle einmal hilflos und abhängig waren, daß wir alle einmal als Kind abgewiesen wurden, auf uns selbst zurückgeworfen, gelingt es uns also einzusehen, daß dies eine allgemeine Gesetzmäßigkeit der Entwicklung des Menschen darstellt, der niemand entrinnen kann, dann wird es uns eher möglich sein, den unvermeidbaren Verlust ohne Flucht in die Krankheit zu ertragen, zu verzichten und uns mit der Realität des Lebens zu versöhnen. Wenn wir uns den abgewehrten schmerzlichen Gefühlen der Hilflosigkeit bewußt *stellen,* dann besteht auch eine echte *Chance,* daß das in Eifersucht und Leiden gebundene seelische Potential mobilisiert und realisiert wird; dies hätte zur Folge, daß zwischenmenschliche Beziehungen intensiviert, neue Kontakte geknüpft und neue Kräfte mobilisiert werden.

Gier und Neugier

Gier ist die Basis, der gemeinsame Nenner aller Leidenschaften. Ob wir sexuelle Lust begehren, ob wir wünschen, vom Geliebten geliebt zu werden, oder ob wir uns danach sehnen, ihn zu lieben – Begehren, Geliebt-werden-Wollen und Lieben: immer ist damit eine mehr oder weniger starke Gier verbunden. Ob es uns nach gutem Essen und Trinken gelüstet, ob wir nach Reichtum, Macht und Ansehen streben, immer ist die unterschwellige, treibende Kraft Gier, Lebensgier.

Was heißt das? Der Mensch begehrt etwas. Er braucht etwas. Er muß etwas in sich *hinein bekommen*, um ausgefüllt zu sein. Er wäre sonst leer. Von der Nahrungsaufnahme hängt unsere körperliche Existenz ab, ohne Nahrungszufuhr würden wir umkommen. Deswegen ist Hunger neben Durst der stärkste Trieb, und Hungerstreik das äußerste Mittel, um Aufmerksamkeit auf sich zu ziehen.

Der Säugling kann sich nicht selbst ernähren, er ist abhängig von Zufuhr in doppelter Weise: leiblich von Nahrung und seelisch von Zuwendung. Nicht von ungefähr nennen wir das Kleinstkind Säugling, das heißt: das zu säugende Kind. So wie es Nahrung aufnimmt, verdaut und daraus leibliche Substanz aufbaut, so nimmt es seelisch aus der Zuwendung »Nahrung« auf, »verdaut« sie und schafft daraus seelische »Substanz«, die sich, ganz analog den körperlichen Vorgängen, zu psychischen »Strukturen« ausformt.

In pathologischem Extrem begegnet uns die Gier in der *Sucht*, in der krankhaften Abhängigkeit von der Droge. Die Droge muß für die Fortsetzung des Lebens garantieren, ohne sie wäre es unerträglich. Immer ist es etwas, was aufgenommen werden muß, ohne das der Betroffene nicht sein kann: Essen, die Droge, eine Frau, ihre Brust, oder ein Mann, sein Glied.

Sucht und Perversion zeigen uns in pathologischer Vergrößerung unsere Abhängigkeit von anderen. Die Ambivalenz zwischen Haben- und Nichthaben-Wollen, die Gier und die Abwehr der Gier zeigen sich, was die Nahrungsaufnahme angeht, am deutlichsten in den häufigen psychosomatischen Erkrankungen der Fett- und Magersucht: Der Fettsüchtige stopft leidenschaftlich alles in sich hinein, er ißt gierig, schlingt alles hinunter, als ob er am Verhungern wäre, während der Magersüchtige die Nahrung verschmäht und am liebsten von der Luft leben würde. Er kann nicht abhängig sein, fürchtet, durch Nahrungsaufnahme geschädigt zu werden, und zehrt daher von der eigenen Substanz.

Der Magersüchtige ist der gierlose Mensch. Analysieren wir den Magersüchtigen, dann zeigt sich, daß hinter der Abwehr der Gier nur eine um so heftigere Gier verborgen ist. Es kommt zu regelrechten Triebdurchbrüchen, in denen heimlich das getan wird, was nach außen verleugnet wird. Hier sind frühe Beziehungsstörungen, meist zwischen Mutter und Kind, die Ursache. Es ist eine Störung im Geben und Nehmen. Sie ist, weil früh geübt und zur Gewohnheit geworden, schwer zu beheben.

Neugier ist, wie der Name sagt, Gier auf Neues. Ein neugieriger Mensch ist nach allgemeinem Sprachgebrauch ein Mensch, der getrieben ist von einem inneren Drang, Neues zu erfahren, der gierig darauf brennt, Neues zu erleben.

Die Verwandtschaft mit Gier ist klar: Gemeinsam ist das Triebhafte des Begehrens, das sucht und befriedigt sein will. Anders an der Neugier ist gegenüber der Gier, daß es etwas Neues sein muß, was begehrt wird. Es geht um neue, bisher nie erlebte Reize, die die Neugier wekken, erregen, anstacheln. Das Altgewohnte, Vertraute befriedigt nicht mehr. Daher reizt das Neue.

Neugier ist neben Sexualität, Bindungsverhalten und den fundamentalen Bedürfnissen nach Befriedigung von Hunger und Durst, Schlafen und Wachen, zusammen mit Selbstbehauptung ein eigenes elementares Motivationssystem (Lichtenberg 1989), das durchaus leidenschaftliche Ausmaße annehmen kann. Auch im Drang nach Wissen, im »Explorationsverhalten«, im »Forscherdrang« drückt sich ein biologisch gesteuertes Begehren aus. Wir sprechen von Wißbegierde, Wissensdurst und Hunger nach geistiger Nahrung.

Es ist lustvoll, etwas Neues zu entdecken. Schon der Weg dahin ist Vorlust, Schaffensfreude, Funktionslust. Der Moment der Entdeckung ist einem Orgasmus vergleichbar. Insofern ist Neugier eine *positive* Leidenschaft, die mit Eifer sucht, was Freude macht. Neugier ist produktiv, kreativ. Was früher fremd und unvertraut war, wird durch Neugier vertraut. Verbotene Reize erregen dabei die Neugier am stärksten.

Neugier kann durch Erziehungseinflüsse früh unterdrückt werden. Dies geschieht nicht selten, weil Neugier im Zusammenhang mit der Entwicklung von Denken und Sprache vorzugsweise *sexuelle* Neugier ist: Das Kind will wissen, woher die Kinder kommen und welche Rolle die Mutter und der Vater dabei spielen. Es forscht leidenschaftlich danach und kann nicht eher ruhen, bis es eine Lösung gefunden hat. Diese Lösung wird in eigenen Phantasien selbst geschaffen: Mal zaghaft, mal kühn bildet das Kind sich selbst Hypothesen über die Entstehung des Menschen, über die Geburt aus dem Nabel und über Zeugung aus Samentierchen und Eikugeln, die durch unsichtbare Kanäle zusammengeführt werden. Es entwickelt ganze Sexualtheorien über Zeugung und Geburt. Diese Phantasien sind echte *kreative* Gebilde, die das Kind unabhängig machen von anderen, die seine innere Welt ausfüllen: mit Menschen, mit Gefühlen, mit Leben. Jede Frage nach neuen Erkenntnissen sucht ihre Antwort. Sie fordert sie geradezu heraus. Die Antwort führt dann weiter zu neuen Fragen. Werden die Antworten dem Kind vorenthalten oder begegnen wir seinen Fragen mit Abweisung, dann reagiert das Kind gekränkt und stellt das Fragen ein. Die Folgen sind verheerend: Ein Mensch, für den Fragen mit unangenehmen Strafen, peinlichen Erlebnissen, Scham, Ekel und Schuldgefühl gekoppelt sind, weicht Fragen aus. Er bildet dann zusammen mit Peinlichkeit und Angst vor Strafe einen neurotischen Komplex aus »Hemmung, Angst und Symptom« (Freud 1926). Ein Mensch, der nicht mehr fragt, bleibt in seiner Entwicklung zurück.

Die psychoanalytische Praxis beweist, welche Nachentwicklung möglich ist, wenn die oft früh gesetzten, während des natürlichen Interesses für Sexualität erworbenen Ängste und Hemmungen beseitigt werden. Deshalb gilt der Satz: Ohne befreite Sexualität keine Neugier.

Schaulust treibt uns dazu, uns das Neue erst einmal anzusehen, mit dem Auge zu entdecken; »phallische« Lust, in einen Gegenstand einzudringen. Das heißt, psychoanalytisch gesprochen: Neugier erfährt aus zwei psychosexuellen Entwicklungsphasen der Sexualität nachhaltige Einwirkungen. In der oralen Phase ist es der Modus des Aufnehmens, in der phallischen der des Eindringens, und zwar bei beiden Geschlechtern. Auch für die Frau ist es wichtig, daß sie, neben dem Aufnehmen einer Sache (des Gliedes, des Samens im sexuellen Akt, eines sie interessierenden Gegenstandes im Beruf), wie der Mann auch in ein Thema eindringt, es exploriert, es erforscht.

Neugier entwickelt sich am stärksten in der Zeit der Latenz, wenn das spezielle sexuelle Interesse ruht. Mit derselben Erregung, mit der das Kind die Welt der Sexualität erforscht, erforscht jetzt der Jugendliche die Welt der Wirklichkeit. Begeistert verschlingt er Bücher, sucht Abenteuer, dringt in Höhlen, gräbt nach Schätzen und erprobt sich selbst in immer neuen Erfahrungen. Neugier ist auch der Motor geistigen Interesses. Es ist ein begeistertes Suchen, voll triebhafter Spannung, voll Tatendrang, das sich gerade an der Versagung der Umwelt, die erobert und bezwungen sein will, immer wieder neu entzündet. Insofern schafft leidenschaftlich begeistertes Suchen gerade aus Versagung immer wieder neu das Neue.

Habgier, Geiz, Streben nach Macht und Anerkennung

Mit Habgier, Macht und Ehrgeiz verbinden wir am wenigsten die Vorstellung menschlicher Leidenschaften. Und doch wird jeder von uns Menschen kennen, die gierig ihren *Besitz* mehren und ihn bis in den Tod verteidigen. An dem, was sie haben, halten sie geradezu »süchtig« fest. Jeder kennt auch Menschen, die leidenschaftlich *Macht* oder *Herrschaft* ausüben, die nicht eher ruhen, bis sie eine einflußreiche Position in Politik, Wirtschaft oder Wissenschaft errungen haben, die sie nur deswegen erfüllen, um zu herrschen und sich in der Machtausübung zu befriedigen.

Nach Anerkennung und Ansehen zu streben, dürfte uns nicht fremd sein, obwohl wir derartige Wünsche oft verdrängen. Wer aber möchte nicht, wenn er ehrlich ist, wenigstens davon träumen, so bekannt wie ein berühmter Fußball- oder Filmstar zu sein, ein vom Volk gefeierter Politiker, ein allseits bewunderter Mann der Wissenschaft oder ein hochgeehrter Künstler? Nach Anerkennung und Ansehen kann der Mensch so anhaltend und intensiv streben, daß man sehr wohl von Leidenschaft sprechen kann. Der französische Philosoph Ricœur nennt Habsucht, Herrschsucht und Ehrsucht die »Trilogie der Leidenschaften«, hinter der ein allgemein menschliches »Suchen« als »Modalität menschlichen Begehrens« verborgen ist.

In der *Habgier* steckt eine Begierde, Gegenstände oder Menschen für sich zu erwerben und zu behalten. Der

Habgierige will sich alles »unter den Nagel reißen«, Raum und Zeit beanspruchen, Hab und Gut, Güter und Geld, Mobilien und Immobilien; in einem Wort: Reichtum erwerben, sammeln, gewinnen. Liegt der Akzent auf dem Nicht-Hergeben des Besitzes, dem Behaltenwollen, dem krampfhaften Hüten des Gewonnenen, dann bezeichnen wir dieses Verhalten als *Geiz*.

Klassisches literarisches Beispiel dafür ist Molières »Der Geizige«. Diesem abschreckenden, negativen Vorbild Harpagon als der Inkarnation des Geizes bedeutet der Inhalt der Geldkassette mehr als alles auf der Welt, mehr als das Glück seiner Kinder. Beim Geizigen dreht sich wirklich alles um den Schatz, den er hütet. Eine krankhaft gesteigerte Angst, bestohlen zu werden, gesellt sich oft zum Geiz; sie ist geradezu eine Folgeerscheinung des Geizes. Wie bei Eifersucht und Neid können wir dann von einem *Geizschicksal* als besonderer Weiterentwicklung der Leidenschaft sprechen. In beiden pathologisch übersteigerten Entwicklungen sehen wir im Extrem, was alles passieren kann, wenn wir unser Herz allzusehr an Güter hängen. Unser ganzes Wertgefühl scheint im Schatz investiert. Der Schatz ist unser ein und alles, während wir uns selbst als Subjekt unwertig fühlen. Fehlt dann plötzlich der so hochgeschätzte Gegenstand, dann haben wir nichts mehr. Das heißt psychologisch: nicht mehr uns selbst; da wir uns als Subjekt nicht schätzen und deswegen unser Selbstwertgefühl vom Schatz abhängt, ist mit seinem Verlust nichts mehr da, was uns etwas wert ist. Der Schatz bedeutet symbolisch etwas besonders Wertvolles, nämlich Sicherheit, Schutz, Geborgenheit, wie sie einst bei der Mutter erlebt wurde.

Haben wir Sicherheit, Schutz und Geborgenheit als Kind nicht erfahren, dann suchen wir unser Leben lang danach. Haben wir das leidenschaftlich Ersehnte bei Menschen nicht gefunden, dann suchen wir es uns selbst zu erschaffen: in der Phantasie, angeregt durch Theater, Film und Fernsehen.

Die Analyse derartiger Menschen zeigt, daß sie im Grunde in ihrer psychischen Entwicklung stehengeblieben sind. Ihr Herz hängt an einer Sache, die unserer Definition von Leidenschaft gemäß unverhältnismäßig viel Zeit und Kraft beansprucht. Jemand, der leidenschaftlich nach Geld jagt, Juwelen, Münzen oder antike Schätze sammelt und mehr als angemessene Befriedigung im Erwerben, Sammeln, Haben, Besitzen und Behalten hat, der lebt auf Kosten anderer Gefühle. Seine einseitig gewucherte Leidenschaft blüht dabei nicht nur um den Preis anderer Gefühle, *sondern auch auf Kosten der zwischenmenschlichen Beziehungen*. Beziehung nämlich schließt immer ein Geben ein. Will ich nur haben, kann ich in einer Beziehung nichts gewinnen. Einen Menschen haben wollen, besitzen wollen und dabei in einer Beziehung zu ihm stehen, das schließt sich gegenseitig aus. Beziehung kann überhaupt nicht auf Gewinn aus sein, auf Haben oder Besitzen. *Beziehung ist gerade dadurch gekennzeichnet, daß sie nicht haben will sondern den anderen so läßt wie er/sie ist.*

Ein anderer Mensch entzieht sich, wenn er sich wie ein Objekt behandelt fühlt, das man erwirbt, besitzt und behält. Und doch ist dieses Motiv des Habenwollens, des Besitzenwollens, sehr verbreitet. Viele Menschen sind nämlich an eine kindliche Entwicklungsphase fixiert, die die Psychoanalyse, für manche befremdend genug, die »anale« genannt hat. Denn Vorbild für alles Geben und Behalten ist das allererste Geben oder Behalten des Stuhls, des Kotes, der vom Kind als wertvollstes Gut erlebt wird. Ihn *hergeben*, ist für das Erleben des kleinen Kindes Verlust, ihn behalten Gewinn. Dies ist besonders dann der Fall, wenn es an Liebe zwischen Kind und erster Bezugsperson mangelt. Dann bekommt das selbstproduzierte

Objekt einen überhöhten Wert, den es nicht bekäme, erlebte das Kind mehr Zuwendung, würde es von anderen mehr geschätzt.

Die *Zuwendung* ist aber auch nur dann entwicklungsfördernd, wenn sie ihrerseits frei von Eigensucht ist. Wird das Kind von den Eltern etwa als Eigentum oder Besitz betrachtet und wie ein Augapfel gehütet, dann wird es eingeengt, dann kann es sich nicht entfalten. Wir sprechen in der Psychoanalyse von »besitzergreifender« Liebe, von »possessivem« Verhalten. Ein derartiges Verhalten ist schädlich für das reifende kindliche Ich und kann dessen Entwicklung so hemmen, daß dadurch der Keim für eine spätere Psychose gelegt wird. »Unaufdringlich« sollte Liebe sein, »gut genug«, aber nicht »zu« gut. Eine allzu aufdringliche, besitzergreifende Liebe legt dagegen den Keim für spätere Neurosen und Psychosen, genauso wie Gleichgültigkeit und Lieblosigkeit. Elternliebe will gelernt sein.

In der *Herrschsucht* kostet der Mensch seine Macht, seine Herrschaft, seine Befehlsgewalt aus. Er will Macht ausüben, unumschränkt herrschen, befehlen, überlegen sein; oft gepaart mit Übermut, Hohn und Spott gegenüber den Beherrschten oder mit schonungsloser Grausamkeit, die vor grausamer Verfolgung und Tötung nicht zurückschreckt. Die Geschichte ist in dieser Perspektive eine Kette von Kämpfen zwischen Herrschenden und Beherrschten. Es scheint eine Gesetzmäßigkeit zu sein, daß diejenigen, die die Herrschenden stürzen – sind sie erst selbst an der Macht –, ihrerseits zu tyrannischen Herrschern werden.

Alfred Adler spricht von Macht- und Geltungsstreben als primären Trieben. Aber woraus beziehen diese nun ihre Energie? Ich halte die Sucht nach Macht und Einfluß für ein sehr komplexes konflikthaftes Geschehen, das durch zwei Kennzeichen charakterisiert ist: 1. Es ist leidenschaftlich, weil es von heftigen Gefühlen getragen wird; ein Geschehen, das den ganzen Menschen erfaßt. 2. Es ist Ausdruck einer Suche nach Beziehung, wobei freilich die Art der Beziehung einseitig durch Herrschen oder aber Beherrschtwerden gekennzeichnet ist. Die Herrschsucht, die nur sich selbst sieht, ist eine Extremvariante, eine pathologische Suchtform, die eben deswegen als eine narzißtische Störung keine *Beziehung zum Objekt sucht, sondern nur sich selbst*.

Dabei versucht jeder, groß zu sein, weil er als Kind leidvoll erlebte, was es heißt, klein zu sein. Deshalb ist es uns im Alltag so wichtig, unseren Einfluß geltend zu machen in Diskussionen, in politischen Auseinandersetzungen, in Kunst und Wissenschaft. Denn hier treffen wir überall Verhältnisse an, die sich als *Machtbeziehungen* beschreiben lassen, als Relation zwischen Herr und Knecht, zwischen Befehlenden und Gehorchenden. Fast jede zwischenmenschliche Beziehung ist insofern ungleich, als immer einer mächtiger ist als der andere. Der Fachmann hat gegenüber dem Laien immer etwas voraus, was ihn mächtiger macht; der Lehrer dem Schüler, Vater und Mutter dem Kind.

Leicht kann aber die Fachautorität ihre Macht mißbrauchen. Dies geschieht oft ganz unauffällig, durch unbewußtes oder auch ganz bewußtes Zurückhalten von Kenntnissen, durch Einschüchterung, durch Drohung oder durch Strafe. Deswegen ist die Kontrolle der Macht so wichtig. Deshalb ist das Zügeln ungezügelter und das Steuern ungesteuerter Machtbedürfnisse eine Überlebensfrage für uns alle.

Im leidenschaftlichen *Streben nach Anerkennung* dreht sich alles um uns selbst. Früher ging es um Ehre und Ruhm. Heute sprechen wir von einem heftigen inneren Drang nach Ansehen, nach Anerkannt-Werden. Es geht um äußere Anerkennung. Krankhaft übersteigerter *Ehrgeiz* meint im Grunde dasselbe. Etymologisch leitet sich Geiz von Gier ab. Gier ist gemeinsamer Nenner aller Leidenschaften. Im übersteigerten Streben nach Anerkennung suchen wir gierig nach allem, was die eigene Person erhöht, erweitert, ihr Ansehen, ihre Wertschätzung steigert, was sie in strahlendem Glanz erscheinen läßt. Die äußere Betrachtung der eigenen Person erregt unsere Sinne und schmeichelt unserem Narzißmus. Man will beachtet werden um jeden Preis. Herostrat hat aus diesem unbändigen Drang heraus den Tempel der Artemis in Ephesos in Brand gesteckt, um so in die Geschichte einzugehen.

Sigmund Freud sieht hier Zusammenhänge zwischen der Funktion des Urinierens, dem Feuer und dem Löschen von Feuer, die bei oberflächlicher Betrachtung Verwunderung hervorrufen mögen: Er führt Ehrgeiz auf eine »starke urethral-erotische Anlage« zurück (1905). Das mag befremdend erscheinen. Betrachten wir aber die Sprache, dann weist in der Tat das Brennende im Ehrgeiz auf Feuer hin, ein Feuer, das brennt und glüht und seine Energie letztlich aus Triebenergie bezieht. Natürlich will der kleine Knabe dem anderen zeigen, in welch hohem Bogen er es kann. Das, was der Knabe aber so exhibitionistisch demonstriert, das sucht der Mann in sublimierter Weise mit seinem Lebensziel zu erreichen. Dasselbe gilt für Frauen: Auch die Frau strebt nach Anerkennung und will ebenso wie der Mann gesellschaftlich geachtet werden. Voraussetzung dazu ist allerdings, anerzogene Gefühle der Beschämung und Minderwertigkeit zu überwinden und durch ein gesundes Selbstwertgefühl als Mensch und Frau zu ersetzen.

»Gesunder« Ehrgeiz ist eine den Menschen zur Tat antreibende Spannung, die nicht zu hoch, aber auch nicht zu niedrig sein darf, eine Spannung zwischen dem Ideal, das wir von uns selbst haben, und dem, was wir davon bisher realisieren konnten. Um dieses Ziel der Realisierung unserer Ideale zu erreichen, kann ein gehöriger Schuß Leidenschaftlichkeit nicht schaden.

Um »krankhaften« Ehrgeiz dagegen handelt es sich, wenn wir ihm die Liebe zu unserem Partner, zu Kindern und Freunden opfern. Diese Zerrformen menschlichen Lebens zeigen aber ein *Grundprinzip* unseres Daseins: *die Suche nach Anerkennung*. Haben wir diese Anerkennung gefunden, dann haben wir ein gesundes Selbstwertgefühl. Das heißt: Wenn andere uns schätzen, können wir uns auch schätzen.

Diese fundamentale Anerkennung müssen wir in einer sicheren, wohltuenden Vorerfahrung als kleines Kind einmal erlebt haben: als Grund-Anerkennung unseres *Da-Seins* als Mensch und in unserem *So-Sein*, das heißt: in jeder Entwicklungsphase wieder neu: 1. in der »oral-sensorischen« Phase als hungernder, gierig Nahrung und Liebe aufsaugender und Zärtlichkeit genießender »Schreihals«; 2. in der »anal-motorischen« Phase als unruhig die Muskeln erprobender, die Welt erobernder und mit dem Hergeben und Behalten des Stuhlgangs trotzig Macht ausübender »Dickkopf«; 3. als »stolzer Knabe« in der sogenannten »urethralen« Phase, die wir auch urethral-ehrgeizige Phase nennen können, in der das Kind nicht nur passiv Wasser lassen, sondern auch aktiv im Strahl Pfützen machen, Überschwemmungen auslösen und Feuer löschen kann, zumindest in der Phantasie; schließlich 4. in der »genitalen« Phase in seiner geschlechtlichen Identität, das heißt »phallisch« als Knabe oder »clitoridal-vaginal« als Mädchen. Mädchen wie Junge brauchen Anerkennung und Bestätigung, um sich vollwertig und vollkommen fühlen zu können.

Immer erwartet das Kind, daß es angenommen wird in seiner jeweiligen Art, in seinem gerade vorherrschenden

Interesse. Hat es die anerkennende, bestätigende Zuwendung seitens seiner Bezugsperson erfahren, dann geht es dem Erwachsenen so gut wie Johann Wolfgang von Goethe, der sagte: »Vom Vater hab ich die Statur ..., vom Mütterlein die Frohnatur ...« Dann können wir auch mit Sigmund Freud folgern: »Wenn man der unbestrittene Liebling der Mutter gewesen ist, so behält man fürs Leben jenes Eroberungsgefühl, jene Zuversicht des Erfolges, welche nicht selten wirklich den Erfolg nach sich zieht.«

»Zuversicht« und »Zuwendung« hängen eng miteinander zusammen; jene hängt von dieser ab. Mangelt es uns an Zuwendung, dann fehlt auch die *Zuversicht*, dann sind Selbstunsicherheit mit dem beschämenden Gefühl der Minderwertigkeit und mangelndes Selbstvertrauen die Folge; eine brüchige Basis, die nach Paul Ricœur Ursache für die »Zerbrechlichkeit« des Menschen, als dessen Grundbefindlichkeit, ist.

Kein Menschenleben kann ohne *Zuwendung* auskommen. Es liegt an uns selbst, unsere lieblose Leistungsgesellschaft etwas liebevoller zu gestalten. Sie muß nicht »vaterlos«, nicht »mutterlos« sein. Wir alle brauchen mehr Mütterlichkeit, mehr Väterlichkeit, auch mehr Brüderlichkeit, selbstverständlich auch »Schwesterlichkeit«, kurz: mehr Menschlichkeit.

Hoffnung auf eine neue Leidenschaftlichkeit

Rationalistische Technokraten machen die Rechnung ohne den Wirt. Auch dogmatische oder spontane Weltverbesserer mit dem Ruf »Seid realistisch, verlangt das Unmögliche« lassen in ihren Utopien eine Größe aus: die biologisch vorgegebene Natur des Menschen, seine Triebhaftigkeit, seine naturgegebene Leidenschaftlichkeit. Diese Kraft läßt sich nicht ohne Schaden in ein Schema pressen, das die Menschen wie Nummern behandelt, damit sich auf deren Kosten wirtschaftliche oder politische Ziele verwirklichen lassen. »Was hülfe es dem Menschen, so er die ganze Welt gewönne und nähme doch Schaden an seiner Seele?« (Matthäus 16,26).

Es ist daher im Interesse unseres Überlebens unbedingt nötig, die leidenschaftlichen Kräfte in uns zu kennen, um sie richtig einschätzen zu können, um sie steuern zu lernen. Dazu gehören zuallererst die konstruktiven Leidenschaften des Liebens und des erotischen Begehren. Aber auch ein gesunder Haß, ein gerechter Zorn, befreiende Rache oder ein ehrlicher Wutausbruch sind besser als jahrelang unterdrückter Ärger, Groll oder Ressentiment, die uns Kopfschmerzen bereiten, sich auf den Magen schlagen, uns die Luft wegnehmen oder den Blutdruck in die Höhe treiben.

Zu den menschlichen Leidenschaften gehören auch Neid und Eifersucht, die wir uns als aufgeklärte Mitteleuropäer selten eingestehen und die wir aus gekränktem Stolz und aus verletzter Eitelkeit lieber unterdrücken. Ehrlicher wäre es, zuzugeben, daß wir neidisch sind, wenn der andere mehr hat, daß wir eifersüchtige Gefühle hegen, wenn wir in der Liebe den kürzeren ziehen. Anstatt uns dann in uns selbst zurückzuziehen, sollten wir besser mit einem Menschen unseres Vertrauens reden, ihm unser Herz ausschütten.

Um Haß und Wut, Rache und Zorn, Neid und Eifersucht abzuhelfen, müssen wir den Anfängen wehren. Allerdings müssen wir erst noch lernen, richtig mit Haß, Wut, Neid und Eifersucht umzugehen. Aggressivitätstraining, etwa Schattenboxen und aggressive Spiele, wie sie in gruppendynamischen Veranstaltungen durchgeführt werden, kann uns dabei helfen. Das Herausschreien der Wut in der Primärtherapie ist darüber hinaus denkbar geeignet, Menschen, die zu Charakterpanzern oder »Zivilisationsmarionetten« erstarrt sind, wieder zu öffnen und damit der psychoanalytischen Aufarbeitung der in der Kindheit wurzelnden Ursachen im Hier und Jetzt der analytischen Situation zuzuführen.

Was wir am ehesten mit Leidenschaft verbinden, ist alles, was mit Liebe, Erotik und Sexualität zu tun hat. Wird sie im wechselseitigen Austausch mit dem anderen zum leidenschaftlichen Dialog und schließt sie natürliche Sinnlichkeit und Körperlichkeit ein, dann bereichert sie unsere Beziehung, unser Leben und strahlt aus in andere Beziehungen, ja selbst in die nüchterne Arbeitswelt.

Die *Verneinung* beengender Moralvorstellungen, ohne Angst vor Kontrollverlust, zusammen mit der *Bejahung* lustvoller Sinnlichkeit in gesteuerter Emotionalität sind dazu die Voraussetzungen.

Die Kraft dazu kann nur aus dem Es kommen. Das Es ist das Kraftreservoir, die Quelle der Leidenschaft. In ihm stecken die Triebfedern, die dem Ich erst die Kraft geben, nach außen zu wirken. Auf diese Weise bedient sich das Ich der Leidenschaft des Es, so wie sich in Platos Gleichnis der Reiter des Pferdes bedient, um ein Ziel zu erreichen, das der Fußgänger nicht erreichen würde. Das Ich wendet sich also nicht gegen den Trieb, sondern verbündet sich mit ihm. Es ist dann vom Es gleichsam ausgefüllt, wie Fleisch von Blut durchtränkt wird.

Leidenschaftlichkeit prägt den Charakter des Menschen ebenso, wie sein Denken, seine Überzeugung und Worte ihn charakterisieren. Leidenschaftlichkeit kann ins Ich integriert, gebändigt und gezügelt werden. Die tiefsten Motive des Menschen gründen in seinen Leidenschaften und bestimmen seine unverwechselbare Persönlichkeit. Damit hängt auch zusammen, daß wir einen anderen Menschen erst dann richtig kennen, wenn wir ihm in leidenschaftlicher Erregung begegnen: der großen Liebe verfallen, vor Zorn außer sich, fanatisch von einer politischen Idee erfüllt oder enthusiastisch auf der Spur einer großen Entdeckung.

Dazu gehört aber auch, daß wir erkennen, wie wir uns selbst oft lieblos verhalten, voll unterdrückter Wut, voll angestauten Ärgers. Da diese negativen Leidenschaften so primitiver Natur sind, nehmen wir sie nicht wahr, verdrängen sie lieber und projizieren sie in andere: »Kriminelle«, »Obdachlose«, »Verrückte«, »Fremde«, »Ausländer«, »Juden«. Eher sehen wir den Splitter im Auge des anderen als den Balken im eigenen Auge. Beginnen wir aber zu sehen, wie lieblos wir im Grunde selbst sind, dann fangen wir an, was freilich nicht ohne Erschütterung und Trauer über diese Erkenntnis abgeht, uns zu bessern: im Dialog mit anderen. Dann kann primitive Wut, »das schreckliche und grausame Tier« in uns, wie Jean Louis Vives, der Vater der modernen Psychologie, sich schon 1538 ausdrückte, dem Ich verfügbar gemacht, ins Ich integriert werden und es bereichern, im vertrauten Zwiegespräch. Es bedarf des Schutzes von Freunden und des Gefühls der Zugehörigkeit zu einer Gruppe, um die unsere Selbstachtung so leicht verletzenden, primitiven Leidenschaften in uns überhaupt wahrnehmen und verarbeiten zu können. Es reicht dabei nicht aus, daß sie uns bewußt werden. Notwendig ist es, daß wir sie *fühlen*.

Es kommt also nicht allein darauf an, daß Unbewußtes bewußtgemacht wird, sondern auch darauf, *daß Ungefühltes fühlbar gemacht wird*.

Wenn wir soweit kommen, dann könnten wir in verantwortungsbewußter Elternschaft den Bedürfnissen unserer Kinder einfühlend entgegenkommen, in optimal ausgewogener Nähe und Distanz. Kinder würden auf solche Weise nicht zu eigenen Zwecken mißbraucht, sie dienten nicht als Ersatz für selbst versäumte Liebe oder als Mittel, um das eigene Versagen zu kaschieren.

Voraussetzung dazu wären allerdings *gesellschaftliche Verhältnisse*, die den Vätern und Müttern helfen, sich so weit wie hier geschildert zu entwickeln: durch ökonomische Absicherung, durch institutionelle Regelungen, die Mütter und Väter effektiv entlasten, durch Kindergärten und Kinderkrippen, in die Kinder schon im ersten Lebensjahr gebracht werden können, ohne daß ihnen dies in ihrer Entwicklung schaden würde; im Gegenteil: die Kinder stützen sich gegenseitig, regen sich gegenseitig an, und die vorübergehend der Sorge um ihre Kinder enthobenen Mütter und Väter freuen sich bei der Wiederbegegnung mit ihren Kindern um so mehr und zeigen sich viel besser in der Lage, liebevoll mit ihnen umzugehen, als wenn sie sich den ganzen Tag über zwingen müssen, ständig für das Kind dazusein. Wir können unsere Kinder in die Obhut anderer geben, aber nie um die Beziehung zu ihnen abzubrechen. Ein Kind braucht das Gefühl, daß »Mama« und »Papa« da sind, und wenn sie fort sind, daß sie in jedem Fall wiederkommen.

Für die *Frauen* ist die Verwirklichung dieses Ziels schwerer als für Männer; wurden sie doch unter den herrschenden Weiblichkeitsidealen zur »friedfertigen« Frau erzogen. Anschmiegsam, lieb, sanft und zum Leiden bereit sollen sie sein; nicht nur in den Phantasien der Männer, sondern in ihren eigenen Vorstellungen.

Männer können ihren Anteil an der Kindererziehung übernehmen. So können sich Frau und Mann ebenso in der Welt des Berufes verwirklichen wie in den Rollen von Mutter und Vater. Wir überschätzen in aller Regel die Selbstverwirklichung im Beruf, weil sie gesellschaftlich höher bewertet wird als die Rollen von Hausfrau/Hausmann und Mutter/Vater. Wir unterschätzen die bereichernden Möglichkeiten des Zusammenlebens mit Kindern, mit Jugendlichen, wachsenden Partnern. Sie ebnen uns den Weg zu unseren eigenen verdrängten Gefühlen, Emotionen, Leidenschaften, denn unbewußt begegnen wir in ihnen wieder uns selbst, als Kind oder Jugendlicher. Wir können dann gleichermaßen sie und uns besser verstehen. Ein Teufelskreis würde so durchbrochen. Unvermeidliche Aggressivität könnte, ins Ich integriert, als konstruktive Leidenschaft unser Handeln fördern und unsere Beziehungen untereinander bereichern.

Dies ist ein Plädoyer für eine neue Leidenschaftlichkeit, die uns heute in Verkennung ihrer Funktion für die Gesundheit des Menschen vielfach *noch* fehlt. Liebe und Haß, Erotik und Rache, Eifersucht und Neid könnten aber nicht als Emotion zum Ausdruck kommen, wenn nicht die leidenschaftliche Hoffnung wäre (Ernst Bloch, Das Prinzip Hoffnung), daß das, wozu wir »noch nicht« bereit sind, was uns noch neu ist, worauf wir aber neugierig sind, doch noch fühlbar und erlebbar wird. Schon der Wunsch nach mehr Leidenschaftlichkeit und der Glaube an das unentdeckte Potential in uns unterstützen uns auf dem Weg zu einer neuen Leidenschaftlichkeit.

»Nur der verdient sich Freiheit wie das Leben, der täglich sie erobern muß« (Goethe).

Literaturverzeichnis

A. Adler: *Über den nervösen Charakter. München u. Wiesbaden 1922*

T.W. Adorno, E. Frenkel-Brunswik, D.J. Levinson u. R.N. Sanford: *The Authoritarian Personality, London (Norton) 1969*

Aristoteles: *Nikomachische Ethik. Deutsche Aristoteles Gesamtausgabe, Bd. 6, übersetzt und kommentiert von F. Dirlmeier, Darmstadt (Wissenschaftliche Buchgesellschaft) 1974*[6]

M. Balint: *Über genitale Liebe, in: Die Urformen der Liebe und die Technik der Psychoanalyse, Bern/Stuttgart (Huber/Klett) 1966*

E. Bloch: *Das Prinzip Hoffnung, Bd. 1, Frankfurt (Suhrkamp) 1959*

G.G. Casanova: *Memoiren. Wiesbaden (Brockhaus) 1964*

R. Descartes: *Über die Leidenschaften der Seele. Leipzig (Meiner) 1911*

I. Eibl-Eibesfeld: *Liebe und Haß. München (Piper) 1970*

E.H. Erikson: *Jugend und Krise. Die Psychodynamik im sozialen Wandel. Stuttgart (Klett) 1970*

J. Foundraine: *Wer ist aus Holz? München (Piper) 1971*

S. Freud: *Gesammelte Werke, Bd. 1–17. London (Imago) 1952*

E. Fromm: *Die Kunst des Liebens. Berlin (Ullstein) 1956*

J.W. Goethe: *Die Leiden des jungen Werther. In: Goethe's Werke. Bd. III, Berlin (Deutsche Buch-Gemeinschaft) 1967*

G.W.F. Hegel: *Grundlinie der Philosophie des Rechts oder Naturrecht und Staatswissenschaft im Grundriß. Frankfurt am Main (Fischer Bücherei) 1968*

A. Janov: *Der Urschrei. Frankfurt am Main (Fischer) 1975*

I. Kant: *Anthropologie in pragmatischer Hinsicht. In: Kant Werke, Bd. 10. Darmstadt (Wissenschaftliche Buchgesellschaft)*

S.J. Katz *u.* A.E. Liu: *Im siebten Himmel ist die Luft so dünn. Die große Liebe und andere romantische Illusionen. Zürich (Kreuz) 1992*

O.F. Kernberg: *Aggression und Liebe in Zweierbeziehungen. Psyche 46, 797–820, 1992*
M. Klein: *Das Seelenleben des Kleinkindes und andere Beiträge zur Psychoanalyse. Stuttgart (Klett) 1962*
H. Kohut: *The Analysis of the Self. New York (Int. Univ. Press) 1971. dt. Narzißsmus, eine Theorie der psychoanalytischen Behandlung narzißtischer Störungen. Frankfurt am Main (Suhrkamp) 1973*
H. Kohut: *Überlegungen zum Narzißmus und zur narzistischen Wut. In: Die Zukunft der Psychoanalyse. Frankfurt am Main (Suhrkamp) 1975*
Th. Kutter: *Die großen Sportspiele – Ursprung, Mythos, Kunst. Unveröff. Manuskript 1994*
H.G. Lerner: *Wohin mit meiner Wut? Stuttgart (Kreuz) 1987*
J.D. Lichtenberg: *Psychoanalysis and Motivation. Hillsdale, NJ (USA) (The Analytic Press) 1989*
K. Lorenz: *Über tierisches und menschliches Verhalten. München (Piper) 1965*
A. Lowen: *Bio-Energetik, Reinbek (Rowohlt) 1975*
B. de Mandeville: *Die Bienenfabel. Berlin (Beck) 1957*
W.H. Masters und V.E. Johnson: *Die sexuelle Reaktion. Reinbek (Rowohlt) 1970*
A. Mitscherlich: *Aggressivität und Anpassung. Psyche 10, 177–193 u. 12, 523–531, 1956 u. 1958*
A. Mitscherlich: *Auf dem Weg zur vaterlosen Gesellschaft. Ideen zur Sozialpsychologie. München (Piper) 1963*
M. Mitscherlich-Nielsen: *Müssen wir hassen? Über die Konflikte zwischen innerer und äußerer Realität. München (Piper) 1972*
M. Mitscherlich-Nielsen: *Vom Ende der Vorbilder. Vom Nutzen und Nachteil der Idealisierung. München (Piper) 1978*
M. Mitscherlich: *Die friedfertige Frau. Eine psychoanalytische Untersuchung zur Aggression der Geschlechter. Frankfurt (Fischer) 1985*
T. Moser: *Körpertherapeutische Phantasien. Frankfurt am Main (Suhrkamp) 1989*
G. Nemiah & P.E. Sifneos: *Affect and Fantasy in Patients with*

Psychosomatic Disorders. In: O.W. Hill (Hg.): Modern Trends in Psychosomatic Medicine. London (Butterworth) 1970.
F. Nietzsche: *Werke in drei Bänden, hg. von K. Schlechta. München (Hanser) 1966*
B. Nitzschke: *Sexualität und Männlichkeit. Zwischen Symbiosewunsch und Gewalt. Reinbek (Rowohlt) 1988*
R. Norwood: *Wenn Frauen zu sehr lieben. Reinbek (Rowohlt) 1990*
C. Olivier: *Jokastes Kinder. Die Psyche der Frau im Schatten der Mutter. Düsseldorf (Classen) 1987*
B. Pascal: *Gedanken. Eine Auswahl. Stuttgart (Reclam) 1956*
F. Perls: *Grundlagen der Gestalt-Therapie. München (Pfeiffer) 1977*
Platon: *Philebos und Timaios. In: Sämtliche Werke, Bd. III. Köln und Olten (Hegner)*
U. Richter: *Die Rache der Frauen. Formen weiblicher Selbstbehauptung. Stuttgart (Kreuz) 1991*
P. Ricœur: *Die Fehlbarkeit des Menschen. Phänomenologie der Schuld I. Freiburg/München (Alber) 1971*
C.R. Rogers: *Die Klientenzentrierte Gesprächspsychotherapie. Frankfurt am Main (Fischer) 1983*
J.-P.Sartre: *Entwurf einer Theorie der Emotionen. In: Die Transzendenz des Ego. Reinbek (Rowohlt) 1964*
J. Schoeck: *Der Neid. Eine Theorie der Gesellschaft. Freiburg/ München (Alber) 1966*
A. Schopenhauer: *Die Welt als Wille und Vorstellung. Köln (Atlas) o.J.*
R.J. Sternberg *u.* M.L. Barnes: *The Psychology of Love. New Haven u. London (Yale University Press) 1988*
P. Stoller: *Perversion – Die erotische Form von Haß. Reinbek (Rowohlt) 1979*
Thomas von Aquin: *Auswahl, Übersetzung u. Einleitung v. J. Pieper, Frankfurt am Main (Fischer) 1956*
J.L. Vives: *De Anima et Vita. (Über die Seele und das Leben) 1538*
A. Wellek: *Die Polarität im Aufbau des Charakters. Bern (Francke) 1950*
W. Wieck: *Männer lassen lieben. Stuttgart (Kreuz) 1987*

W. Wundt: *Grundzüge der Physiologischen Psychologie. Leipzig (Engelmann) 1911*

Weitere Literaturhinweise

F. Alberoni: *Erotik. Weibliche Erotik, männliche Erotik – was ist das? München (Piper) 1986*
P. Ariès, A. Béjin, M. Foucault u.a.: *Die Masken des Begehrens und die Metamorphosen der Sinnlichkeit. Zur Geschichte der Sexualität im Abendland. Frankfurt am Main (S. Fischer) 1982*
E. Badinter: *Die Mutterliebe. Geschichte eines Gefühls vom 17. Jahrhundert bis heute. München/Zürich (Piper) 1981*
W. von Baeyer & W. von Baeyer-Katte: *Angst. Frankfurt am Main (Suhrkamp) 1973*
G. Bataille: *Die Tränen des Eros. München (Matthes & Seitz) 1981*
H. Baumgart: *Liebe, Treue, Eifersucht. Reinbeck (Rowohlt) 1985*
J. Benjamin: *Die Fesseln der Liebe. Frankfurt am Main (Stroemfeld/ Roter Stern) 1990*
M.S. Bergmann: *The Anatomy of Loving. New York (Columbia University Press) 1987*
T. Brocher: *Von der Schwierigkeit zu lieben. Stuttgart (Kreuz) 1977*
D. Casriel: *Die Wiederentdeckung des Gefühls. Schreitherapie und Gruppendynamik, München (Goldmann) 1977*
M. Dannecker: *Das Drama der Sexualität. Frankfurt am Main (Athenäum) 1987*
H.A. Euler & H. Mandl *(Hg.): Emotionspsychologie. Ein Handbuch in Schlüsselbegriffen. München/Wien/Baltimore (Urban & Schwarzenberg) 1983*
E. Fromm: *Anatomie der menschlichen Destruktivität. Reinbek (Rowohlt) 1977*
M. Gambaroff: *Sag mir, wie sehr liebst Du mich. Frauen über Männer. Reinbek (Rowohlt) 1987*
K. Grammler: *Singale der Liebe. Die biologischen Gesetze der Partnerschaft. Hamburg (Hoffmann u. Campe) 1993*

B. Hassenstein: *Verhaltensbiologie des Kindes. München (Piper) 1987*

U. Heider *(Hg.): Sadomasochisten, Keusche und Romantiker. Vom Mythos neuer Sinnlichkeit. Reinbek (Rowohlt) 1986*

C.E. Izard: *Die Emotionen des Menschen. Eine Einführung in die Grundlagen der Emotionspsychologie. Weinheim und Basel (Beltz) 1981*

G. Kahle: *Logik des Herzens. Soziale Dimension der Gefühle. Frankfurt am Main (Suhrkamp) 1981*

S. Kakar & J. Ross: *Über die Liebe und Abgründe des Gefühls, München (Beck) 1986*

O.F. Kernberg: *Mature Love. Prerequisites and Charakteristics. J. Am. Psychoanalytic Association, 22,4,743–768; 1974*

O.F. Kernberg: *Sadomasochismus, sexuelle Erregung und Perversion. Zeitschrift f. psychoanalytische Theorie und Praxis, 8, 4, 319–341, 1993*

R. Krause: *Zur Onto- und Phylogenese des Affektsystems und der Beziehung zu psychischen Störungen. Psyche, 37. 1016–1043; 1983*

T. Laqueur: *Auf den Leib geschrieben. Die Inszenierung der Geschlechter von der Antike bis Freud. Frankfurt am Main/New York (Campus) 1992*

P. Lauster: *Die Liebe. Psychologie eines Phänomens. Reinbek (Rowohlt) 1982*

J.M.R. Lenz: *Philosophische Vorlesungen für empfindsame Seelen. Frankfurt u. Leipzig (Serini) 1780*

E.E. Levitt: *Die Psychologie der Angst (4. Aufl.). Stuttgart (Kohlhammer) 1979*

K. Lorenz: *Das sogenannte Böse. Wien (Borotha-Schoeler) 1963*

R. Reiche: *Geschlechterspannung. Frankfurt am Main (Fischer) 1990*

F. Riemann: *Die Fähigkeit zu lieben. Stuttgart (Kreuz) 1988 (4. A.)*

C. Schöttler *u.* P. Kutter (Hg.): *Sexualität und Aggresion aus der Sicht der Selbstpsychologie. Franfurt am Main (Suhrkamp) 1992*

R.M. Unger: *Leidenschaft. Ein Essay über Persönlichkeit. Frankfurt am Main (S. Fischer) 1986*

H.G. Wiedemann: *Homosexuelle Liebe. Stuttgart (Kreuz) 1982*

C. Wulf *(Hg.): Lust und Liebe. Wandlungen der Sexualität. München (Piper) 1985*
D. Wyss: *Lieben als Lernprozeß. Göttingen (Vandenhoeck & Ruprecht) 1975*
D.E. Zimmer: *Die Vernunft der Gefühle. Ursprung, Natur und Sinn der menschlichen Emotionen. München (Piper) 1981.*

VANDENHOECK
TRANSPARENT

Je Band ca. 130 Seiten, kartoniert

Band 6: Michael Nüchtern
Was heilen kann
Therapeutische Einsichten aus biblischen Geschichten. 1994.
ISBN 3-525-01800-2
Originalausgabe

Band 7: Glenn T. Koppel
Wochenendlektüre: Basiswissen Psychotherapie
1994. ISBN 3-525-01703-0
Originalausgabe

Band 8: Karl König
Reisen eines Psychoanalytikers
1994. ISBN 3-525-01704-9
Originalausgabe

Band 9: Elke Natorp-Husmann
Briefe einer Psychoanalytikerin
1994. ISBN 3-525-01705-7
Originalausgabe

Band 10: Konrad Jutzler
Aussicht auf Leben
Christliche Psalmen. 1994.
ISBN 3-525-01803-7
Originalausgabe

Band 11: Harry Stroeken / Joop Smit
Biblische Schicksale in psychoanalytischem Blick
Aus dem Niederländischen von D. Maenner. 1994.
ISBN 3-525-01711-1
Deutsche Erstausgabe

Band 12: Glenn T. Koppel
Wochenendlektüre: Träumen und Traumdeutung
1994. ISBN 3-525-01712-X
Originalausgabe

Band 14: Wolfgang Wiedemann
Heilsame Erschütterung?
Besinnungen zu Gesundheit und Krankheit. 1994.
ISBN 3-525-01804-5
Originalausgabe

Band 15: Udo Hahn
Sinn suchen – Sinn finden
Was ist Logotherapie? 1994.
ISBN 3-525-01805-3
Originalausgabe

Weitere Titel in Vorbereitung.

V&R
Vandenhoeck & Ruprecht

Karl König

Kleine psychoanalytische Charakterkunde

2., durchgesehene Auflage 1993. Sammlung Vandenhoeck. 144 Seiten, Paperback. ISBN 3-525-01417-1

Udo Rauchfleisch

Allgegenwart von Gewalt

1992. Sammlung Vandenhoeck. 258 Seiten, Paperback. ISBN 3-525-01419-8

Udo Rauchfleisch

Schwule · Lesben · Bisexuelle

Lebensweisen, Vorurteile, Einsichten. 1994. Sammlung Vandenhoeck. 262 Seiten, Paperback.
ISBN 3-525-01425-2

Alexander Schuller / Jutta Anna Kleber (Hg.)

Gier

Zur Anthropologie der Sucht. 1993. Sammlung Vandenhoeck. 283 Seiten, Paperback.
ISBN 3-525-01422-8

Alexander Schuller / Jutta Anna Kleber (Hg.)

Verschlemmte Welt

Essen und Trinken historisch-anthropologisch. 1994. Sammlung Vandenhoeck. 256 Seiten mit 3 Abbildungen, Paperback.
ISBN 3-525-01424-4

Siegfried Zepf (Hg.)

Die Erkundung des Irrationalen

Bausteine einer analytischen Sozialpsychologie nebst einigen Kulturanalysen. 1993. 241 Seiten, kartoniert.
ISBN 3-525-45757-X